Was stimmt?

RAF

Die wichtigsten Antworten

HERDER spektrum

Band 5771

Das Buch

2007 jährt er sich zum dreißigsten Mal, der blutige »Deutsche Herbst«. Die Ermordung von Generalbundesanwalt Siegfried Buback und des Vorstandssprechers der Dresdner Bank, Jürgen Ponto, die Entführung und Ermordung des Arbeitgeberpräsidenten Hanns Martin Schleyer, die Entführung der »Landshut«. Ereignisse, die sich ins kollektive Gedächtnis der Bundesrepublik Deutschland eingeschrieben haben. Doch was stimmt wirklich? War die RAF die Avantgarde einer Revolution der Massen? Fand sie in der Bevölkerung überhaupt Unterstützung? Wurden Ulrike Meinhof, Andreas Baader und die anderen Opfer einer staatlichen Lynchjustiz? Und ist die Debatte um die RAF endlich beendet? Zum 30. Jahrestag des Deutschen Herbstes: das Wichtigste zur RAF.

Der Autor

Sven Felix Kellerhoff, geb. 1971, ist Historiker, Journalist und Autor. Seit 2003 Leitender Redakteur für Zeit- und Kulturgeschichte bei der »Welt« und der »Berliner Morgenpost«. Autor zahlreicher zeithistorischer Sachbücher, unter anderem über den Führerbunker und die Geschichte des politischen Attentats.

Sven Felix Kellerhoff

Was stimmt?

RAF

Die wichtigsten Antworten

HERDER

FREIBURG · BASEL · WIEN

Dank an:
Anna-Maria; Dr. Tina Kellerhoff; Lars-Broder Keil; Uwe Müller

Gedruckt auf umweltfreundlichem,
chlorfrei gebleichtem Papier

Originalausgabe

www.herder.de
Gesamtherstellung: fgb · freiburger graphische betriebe 2007
www.fgb.de
Umschlaggestaltung und Konzeption:
R·M·E München / Roland Eschlbeck, Liana Tuchel
Covermotiv: © dpa Picture alliance
Autorenfoto: © Die Welt/Axel Springer AG
ISBN 978-3-451-05771-7

Inhalt

Einleitung

Vor 30 Jahren erreichte der politische Terrorismus in Deutschland seinen furchtbaren Höhepunkt. Am 5. September 1977 überfiel ein Kommando der »Rote Armee Fraktion«, kurz RAF, in Köln den Arbeitgeberpräsidenten Hanns Martin Schleyer. Seine vier Begleiter wurden erschossen, Schleyer selbst entführt, in den folgenden fünf Wochen als Geisel gehalten und am Ende ermordet. Das Tauziehen zwischen Terroristen und Bundeskanzler Helmut Schmidt im sogenannten Deutschen Herbst gilt als größte innenpolitische Krise, der die Bundesrepublik je gegenüber stand. Am Ende obsiegte der Rechtsstaat und verlor der Terror. Doch der Preis der 28 Jahre RAF, von der Befreiung Andreas Baaders 1970 bis zur Auflösungserklärung der Gruppe 1998, war immens: Dutzende Tote, hunderte Verletzte, Schäden und Kosten in Milliardenhöhe, vor allem aber unbezifferbare Leiden der Hinterbliebenen.

Ein aktuelles Thema

Im Frühjahr 2007 brach die Debatte über die RAF mit ganzer Schärfe neu los; es ging um die Freilassung der Topterroristin Brigitte Mohnhaupt sowie eine mögliche Begnadigung des uneinsichtigen Mörders Christian Klar. Die öffentliche Diskussion zeigte, wie unzureichend dieses zeitgeschichtliche Thema im Bewusstsein der Gesellschaft verankert ist. In den nationalen Geschichtsmuseen erinnern nur einige wenige Exponate an diese Herausforderung – im Bonner

Haus der Geschichte der Bundesrepublik zum Beispiel der selbst gebastelte Raketenwerfer, mit dem die RAF 1977 die Bundesanwaltschaft in Karlsruhe zerstören wollte, im Deutschen Historischen Museum in Berlin ein Kinderwagen, der bei der Schleyer-Entführung eine wichtige Rolle spielte. Obwohl es zahlreiche Fernsehdokumentationen über die RAF gibt, darunter auch die eine oder andere wirklich gelungene, sind zentrale Tatsachen über den linksradikalen Terrorismus heute vielfach unbekannt.

Mythen und Legenden

So tauchten in der jüngsten Debatte wieder jene Behauptungen auf, mit denen die RAF schon in den siebziger Jahren mehr oder weniger erfolgreich um Verständnis und Sympathisanten geworben hatte: gefangene Terroristen seien »isoliert« oder gar »gefoltert« worden; ihre Anwälte seien an einer ordnungsgemäßen Verteidigung gehindert worden; die Regierung habe die »Staatsräson« über Menschenrechte gestellt; mitunter sogar, der Terror sei als »Widerstand« gegen wahlweise den Vietnamkrieg, das »kapitalistische System« oder den »schleichenden Faschismus« in der Bundesrepublik legitim gewesen. All das waren haltlose Behauptungen, doch sie werden auch heute noch von vielen mit gewissem Verständnis gehört und weitergegeben.

Ziel dieses Buches

Umso nötiger erschien es daher, gerade solche Mythen und Legenden über die RAF zu widerlegen. Zugleich soll das vorliegende Buch eine knappe Gesamtgeschichte des Linksterrorismus sein, von der Studentenbewegung der späten sechziger Jahre bis zu den Diskussionen, ob reuelose Serienmörder Gnade verdienen. Der Band stellt alle zentralen Fakten zusammen; die wesentlichen Mitglieder der drei RAF-Generationen werden knapp behandelt. Trotzdem können viele wichtige Aspekte nur angerissen, nicht aber angemessen ausführlich behandelt werden. Wo etwa liegt der Unterschied zwischen legitimem Widerstand und kriminellem Terrorismus? Oder: Darf eine Regierung wirklich unter keinen Umständen einer terroristischen Erpressung nachgeben?

Grundlage dieses Bandes sind alle wesentlichen zur Geschichte der RAF verfügbaren Materialien – von Ermittlungsunterlagen der Staatsanwaltschaften über Gerichtsprotokolle und -urteile bis hin zu den verschiedenen Rechtfertigungen von Terroristen; auch Stasi-Akten sind eingeflossen, allerdings dem Schwerpunkt auf Mythen, Legenden und Vorurteilen über die RAF entsprechend eher in geringem Umfang. Die wichtigste weiterführende Literatur wird im Anhang aufgeführt. Von noch größerer Bedeutung war die jeweils zeitgenössische Berichterstattung zahlreicher Journalisten, die sich dem ständigen Druck der Aktualität zum Trotz um akkurate Recherche und seriöse Darstellung bemüht haben. Die Artikelmappen zur RAF füllen in jedem gut geführten Pressearchiv ganze Aktenschränke; bei ihrer kritischen Durchsicht nach mehreren Jahrzehnten fällt vor allem auf, wie richtig viele Kollegen des Autors schon damals gelegen haben – trotz häufig ungenügender Informationen, die erst sehr viel später vervollständigt werden konnten.

Ursprünge des Terrors

»Der SDS war der Vorläufer der RAF«

Die Rolle der Studentenbewegung

Benno Ohnesorg

Im Anfang war der 2. Juni 1967. Am Abend dieses Tages erschoss ein Polizist in West-Berlin bei einer Demonstration gegen den persischen Schah den Studenten Benno Ohnesorg. Der Beamte fühlte sich bedroht und glaubte eigenen Angaben zufolge, in Notwehr zu handeln. Das war offenkundig ein Irrtum, der tödliche Schuss ein tragischer Fehler: Ohnesorg gehörte nicht zur gewaltbereiten linken Szene, die sich seinerzeit in Berlin zu sammeln begann. Sein Tod löste eine beispiellose Radikalisierung der Studenten aus, deren Tenor der Herausgeber der linken Zeitschrift »Konkret«, Klaus Rainer Röhl, in der Juli-Ausgabe seines Magazins so zusammenfasste: »In einem sorgfältig geplanten und vorher erprobten Notstandseinsatz wurden nicht nur Studenten, sondern auch Hausfrauen systematisch eingekesselt und brutal zusammengeschlagen.« Richtig daran war, dass die West-Berliner Polizei durch die heftigen Proteste beim Schah-Besuch völlig überfordert war und mit weit übertriebener Härte auf Provokationen der Demonstranten reagiert hatte; irgendwie vorbereitet aber war der Einsatz am 2. Juni 1967 gerade nicht. Trotzdem setzte sich nun bei zehntausenden Jugendlichen und vielen Intellektuellen die Vorstellung fest, die Bundesrepublik sei in Wirklichkeit nur eine mühsam kaschierte Restauration des faschistischen Dritten Reiches. Zu den Aktivisten der Proteste nach Ohnesorgs Tod gehörte die Doktorandin Gudrun Ensslin.

Politisches Klima in West-Berlin

Die Stimmung in West-Berlin war ohnehin gespannt. Nach dem Schock des Mauerbaus 1961 hatte sich 1965/66 ein merklicher Klimawechsel eingestellt. Nun kursierten auch in Charlottenburg und Wilmersdorf sozialistische Parolen, wurde in Szenekneipen ganz selbstverständlich über den vermeintlich absterbenden Kapitalismus und die bevorstehenden Segnungen des »echten« Sozialismus diskutiert. Von der SED-Diktatur grenzten sich zwar viele Studenten weiterhin ab; gleichwohl unterstützte das Ostberliner Ministerium für Staatssicherheit die Studentenbewegung gern und großzügig. Der Sozialistische Deutsche Studentenbund (SDS), eine ehemals SPD-nahe, aber seit Ende der fünfziger Jahre immer weiter nach links abdriftende Organisation, lehnte die freiheitlich-demokratische Ordnung des Grundgesetzes mehrheitlich ab. Mit manchmal komischen, oft aber auch bewusst provokativen Aktionen machte das radikal antibürgerliche, anarchistische Wohnprojekt »Kommune 1« auf sich aufmerksam. Der Philosophieprofessor Jürgen Habermas kritisierte die Haltung radikaler Studenten als »linken Faschismus«, nahm diesen Begriff aber nach Protesten bald wieder zurück.

Rudi Dutschke

Kurz vor dem Mauerbau war Rudi Dutschke aus der DDR nach West-Berlin übergesiedelt; 1965 wurde er Mitglied des SDS und galt bald als dessen wichtigster Sprecher. Nun nahm sich der Verband vor allem Themen wie der Dritten Welt, der Notstandsgesetze und des Vietnamkriegs an. Dutschke lehnte die parlamentarische Demokratie radikal ab und forderte, seinen politischen Willen ohne Rücksicht auf die Vorstellung der Bevölkerungsmehrheit umzusetzen. Er referierte über die Methoden einer »Stadtguerilla«, rief zur Zerstörung der »Maschinerien« des Springer Verlages auf (»Terror richtet sich in sozialrevolutionärem Sinn nicht gegen Menschen, sondern gegen unmenschliche Maschinerien. Die müssen wir vernichten.«) und transportierte sogar im Kinderwagen seines Sohnes Sprengstoff durch Berlin. Im Frühjahr 1968 bekannte er vor laufenden Kameras: »Natürlich bin ich bereit, mit der Waffe in der Hand zu kämpfen«.

»Ich halte das bestehende parlamentarische System für unbrauchbar.«
Rudi Dutschke

»Enteignet Springer«

Doch bevor der SDS-Vorkämpfer diese Ankündigung eventuell wahrmachen konnte, wurde er von einem rechtsradikalen Gelegenheitsarbeiter niedergeschossen und lebensgefährlich verletzt. Daraufhin griffen SDS-Aktivisten in Berlin und andernorts Gebäude des Springer Verlages an, dem sie vorwarfen, gegen die Studenten gehetzt zu haben. Tatsächlich hatten Zeitungen des größten deutschen Verlages linksradikale Studenten immer wieder scharf angegriffen – nachdem der SDS sich die von der DDR unterstützte Kampagne »Enteignet Springer« zu eigen gemacht hatte.

Verhältnis zur Gewalt

Neben Dutschke hatte auch die »Kommune 1« ein unklares Verhältnis zur Gewalt. Mehrere Kommunarden riefen in Flugblättern indirekt zu Anschlägen auf: »Wenn es irgendwo brennt in der nächsten Zeit, wenn irgendwo eine Kaserne in die Luft geht, wenn irgendwo in einem Stadion die Tribüne einstürzt, seid bitte nicht überrascht.« Trotz solcher Stimmen war die weit überwiegende Mehrheit des SDS nicht bereit, über die Beteiligung an Straßenschlachten hinauszugehen. Eine Massenbewegung konnten die gewaltbereiten Kräfte der Studentenbewegung nie mobilisieren, zumal es auch innerhalb des radikalen Flügels deutliche Unterschiede gab: So lehnten die meisten Mitglieder der »Kommune 1« den anarchistischen Aktivismus des Kleinkriminellen Andreas Baader ab, der etwa die Berliner Kaiser-Wilhelm-Gedächtniskirche sprengen wollte. Der SDS und die radikale Studentenbewegung waren gewiss der Nährboden des linken Terrors in Deutschland; direkte Vorläufer der RAF aber waren sie nicht.

Notstandsgesetze

Neben dem Vietnamkrieg waren die Große Koalition in Bonn und ihr Vorhaben, das Grundgesetz um klare Regeln für den Verteidigungsfall zu ergänzen (bekannt als Notstandsgesetze), wesentliche Ziele der SDS-Agitation. Liberale und Linke sahen darin den Versuch, die Regeln der Verfassung aufzuweichen; radikale Kräfte warnten, die

Bundesrepublik stehe vor einer ähnlichen Situation wie die Weimarer Republik 1932, kurz vor Hitlers Machtübernahme. Dabei ging es im Gegenteil gerade darum, den Krisenfall im Sinne des Grundgesetzes zu regeln. Um auf die Sorgen der Kritiker einzugehen, fügte die Bundesregierung in den Artikel 20 einen Abschnitt über das Widerstandsrecht ein. 1968 verabschiedete die Große Koalition mit ihrer Mehrheit die Verfassungsänderung – gegen die Stimmen der oppositionellen FDP und immerhin eines Viertels der SPD-Abgeordneten. In der politischen Realität haben die Notstandsgesetze noch nie Anwendung gefunden, nicht einmal im Terrorjahr 1977.

Artikel 20 Grundgesetz in der Fassung seit 1968

(1) Die Bundesrepublik Deutschland ist ein demokratischer und sozialer Bundesstaat.

(2) Alle Staatsgewalt geht vom Volke aus. Sie wird vom Volke in Wahlen und Abstimmungen und durch besondere Organe der Gesetzgebung, der vollziehenden Gewalt und der Rechtsprechung ausgeübt.

(3) Die Gesetzgebung ist an die verfassungsmäßige Ordnung, die vollziehende Gewalt und die Rechtsprechung sind an Gesetz und Recht gebunden.

(4) Gegen jeden, der es unternimmt, diese Ordnung zu beseitigen, haben alle Deutschen das Recht zum Widerstand, wenn andere Abhilfe nicht möglich ist.

»Auch ohne Baader hätte es die RAF gegeben«

Die Rolle des Gruppenchefs

Linker Terror weltweit

In mehreren demokratischen Staaten entstanden Ende der sechziger und Anfang der siebziger Jahre linksradikale Terrorgruppen – in Japan die »Rote Armee«, in Italien die »Roten Brigaden« und in der Bundesrepublik neben der RAF die »Bewegung 2. Juni« und die »Revolutionären Zellen«. Alle orientierten sich mehr oder weniger an der Gruppe »Tupamaros«, die in Uruguay mit Anschlägen, Entführungen prominenter Persönlichkeiten und Banküberfällen gegen eine zunehmend autoritäre Regierung kämpfte. Allerdings kam es in anderen Staaten, in denen 1968 Studenten massenhaft protestierten, nicht oder erst viel später zur Gründung von ähnlichen Organisationen. In Frankreich, wo im Mai 1968 wochenlang fast ganz Paris lahmgelegt war, bildete sich die »Action Directe« erst 1979; in den USA, von wo aus die Proteste gegen den Vietnamkrieg und die Studentenrevolte ausgegangen waren, hat es sogar nie eine nennenswerte linksradikale Terrorgruppe gegeben.

Andreas Baader

Obwohl der linksextreme Terrorismus Ende der sechziger Jahre gewissermaßen in der Luft lag, beruhte die besondere Zuspitzung, die er in der Bundesrepublik fand, wesentlich auf der Person Andreas Baader. Dabei war dieser gar kein politischer Kopf und erst recht kein intellektueller Theoretiker, sondern ein charismatischer Kleinkrimineller, dessen wesentliche Charakterzüge Rücksichtslosigkeit, Egoismus und Gewaltbereitschaft waren. Nachdem Baader 1967 damit gescheitert war, gleich den Aktivisten der »Kommune 1« zu einer Art Popstar der linken Szene aufzusteigen, suchte er andere, brutalere Wege, um Aufmerksamkeit auf sich zu lenken. Die Kommunarden hatten in einem Flugblatt gefragt: »Wann brennen die Berliner Kaufhäuser?«, wurden aber im März 1968 von der Anklage der »Aufforderung zur Brandstiftung« freigesprochen; das Flugblatt wurde als »Satire« gewertet. Baaders Reaktion darauf war unmissverständlich: Er legte zusammen mit Gudrun Ensslin und zwei Komplizen Anfang April 1968 in zwei Kaufhäusern in Frankfurt am Main Feuer. Mit einem Anruf bei der Deutschen Presseagentur warnten sie die Feuerwehr: »Gleich brennt's bei Schneider und im Kaufhof. Es ist ein politischer Racheakt.« Menschen wurden nicht verletzt, der Sachschaden aber war gewaltig. Die bald gefassten Brandstifter wurden zu drei Jahren Haft verurteilt.

»Die quatschen, und ich bring's!«
Andreas Baader

Kaufhausbrandstiftung

Eine Art Sekte

Baader habe an einer narzisstischen Persönlichkeitsstörung gelitten, urteilte der Publizist Jörg Herrmann, verursacht durch das Aufwachsen in einem reinen Frauenhaushalt mit Mutter, Tante und Großmutter, in dem er verhätschelt worden war. Viel deutet darauf hin, dass dies zutraf, doch unabhängig von allen psychologischen Deutungen gilt: Ohne ihren Kopf Baader hätte es die RAF so nicht gegeben: Zeitweise hatte die Gruppe den Charakter einer Sekte. Von der Brandstiftung 1968 bis zu seinem Selbstmord 1977 dominierte Baader zudem die Weltsicht der linksextremen Szene in der Bundesrepublik. Sowohl im Untergrund wie im Gefängnis war er ihr Wortführer; andere Gruppenmitglieder schauten mit einer Mischung aus Begeisterung und Respekt zu ihm auf. Schon der Übergang von einer zwar gewaltbereiten, aber noch nicht terroristischen Gruppierung zur selbsternannten Avantgarde der Revolution im Untergrund erfolgte ausschließlich, um den Anführer aus der Haft zu holen. Nicht erst die »zweite Generation« der RAF war vor allem eine »Baader-Befreiungsarmee«, wie der Publizist Gerd Koenen in Anlehnung an eine Ex-Terroristin sagte; schon der Beginn ihres Amoklaufes gegen Staat und Gesellschaft hatte seine wesentliche Ursache in der Person Andreas Baader.

»Andreas geht im Gefängnis zugrunde«

Der Auftakt zum Terror

Auf der Flucht

Die verurteilten Brandstifter Baader und Ensslin waren 1969 während der laufenden Revision vorläufig freigelassen worden – obwohl Baader in Haft negativ aufgefallen war, unter anderem durch Beleidigungen und durch heftiges Agitieren unter den Gefangenen. Fünf Monate später verwarf der Bundesgerichtshof die Anträge ihrer Anwälte, und so entzogen sich Baader und Ensslin der Vollstreckung durch Flucht nach Paris. Ab Februar 1970 waren sie wieder in West-Berlin, versteckt unter anderem in der Wohnung der bekannten Journalistin Ulrike Meinhof. Deren siebenjährige Zwillingstöchter Bettina und Regine nannten die Gäste, über die sie nicht sprechen durften, nur »Hans« und »Grete«. Baader wollte endlich »Aktion« und versuchte daher, über einen entfernten Bekannten an Waffen zu kommen.

Wieder in Haft

Doch bei dem vermeintlichen Helfer handelte es sich um einen Informanten des Verfassungsschutzes, und durch seinen Tipp konnte die Polizei Baader am 4. April 1970 festnehmen. Er saß nun wieder hinter Gittern, um seine rechtskräftige Reststrafe von 22 Monaten zu verbüßen. »Der Andreas geht im Knast vor die Hunde«, behauptete Gudrun Ensslin. Sie wollte ihn deshalb unbedingt und so schnell wie möglich befreien, war geradezu darauf fixiert: Obwohl nach ihr steckbrieflich gefahndet wurde, suchte Ensslin

Baader unter falschem Namen dreimal im Gefängnis auf. Außerdem kümmerten sich der Anwalt Horst Mahler, in Berlin ein bekannter linker Aktivist und Mitglied eines »Sozialistischen Anwaltskollektivs«, sowie Ulrike Meinhof um den Gefangenen.

Ein Buchprojekt

Ende April 1970 beantragte der Verleger Klaus Wagenbach, dem Gefangenen in der Haft die Arbeit an einem gemeinsamen Buchprojekt mit Meinhof zu ermöglichen; es solle um jugendliche Außenseiter gehen. Bei der Justiz war bekannt, dass Baader nach seiner vorläufigen Entlassung 1969 kurze Zeit in einem Erziehungsheim gearbeitet hatte; die ARD wollte demnächst von Ulrike Meinhof den Fernsehfilm »Bambule« über die Erziehung von Heimkindern in Fürsorgeanstalten zeigen. Der Antrag klang also durchaus schlüssig – und wurde genehmigt. 14 Tage später stimmte die Justiz sogar einer Ausführung des erst fünf Wochen zuvor verhafteten Straftäters in ein Forschungsinstitut zu, vor allem dank Mahlers Engagement. Der zuständige Beamte befand, dass der geplante Band dem »beruflichen Werdegang Baaders förderlich« sein würde. Von »Zugrundegehen« konnte also keine Rede sein; eher schon von einem übermäßigen Verständnis der Justiz gegenüber einem renitenten und bekanntermaßen gewalttätigen Gefangenen. Dem angeblichen Auftraggeber Wagenbach war bekannt, dass das Buchprojekt nur der Befreiung des ein-

»Trotzdem hab ich Ulrike gesagt, leider vergeblich: Geh nicht mit. Bleib das, was du bist und was du kannst.«
Klaus Wagenbach

sitzenden Straftäters diente: »Ich wusste natürlich, dass geplant war, Andreas Baader zu befreien. Das fand ich im Prinzip auch richtig.« Der Verleger versuchte lediglich, seiner geschätzten Autorin Meinhof die Beteiligung an der Aktion auszureden.

Sprung in den Terror

Am 14. Mai 1970 war es so weit: Insgesamt sechs Täter befreiten Andreas Baader während seines Ausgangs ins Berliner Forschungsinstitut und verletzten dabei einen Angestellten schwer. Damit war die letzte Chance verspielt, den Irrweg des Terrorismus zu vermeiden. Mit Andreas Baader und Gudrun Ensslin sprang auch Ulrike Meinhof aus dem Gartenfenster. Das war nicht geplant gewesen; eigentlich hätte sie vor dem Überfall das Institut verlassen und hinterher die Überraschte spielen sollen. Doch die Journalistin, die Baader und Ensslin für ihren »konsequenten Kampf« bewunderte, schuf Tatsachen: Mit ihrer Flucht tauchte sie zugleich in die Illegalität ab. Innerhalb weniger Stunden klebten in ganz West-Berlin Steckbriefe an Litfasssäulen, auf denen vor allem nach Meinhof gesucht wurde – Kopfgeld: 10000 Mark. Es war die Geburtsstunde der »Rote Armee Fraktion«.

Baader-Meinhof

»Die Baader-Meinhof-Gruppe verfolgte klare politische Ziele«

Die Ideologie der RAF

Ensslins Manifest

Die Befreier von Andreas Baader waren sich einig, dass sie sich nun im Krieg mit dem Staat befanden. Dazu gehörte konsequenterweise eine Kriegserklärung. Die Gruppe legte gleich zwei solche Erklärungen vor, fast zeitgleich und verfasst von den beiden Vordenkerinnen. Gudrun Ensslin spielte dem West-Berliner Szeneblättchen »Agit 883« Ende Mai 1970 einen Text zu, in dem es hieß: »Es hat keinen Zweck, den falschen Leuten das Richtige erklären zu wollen.« Es gehe nicht um die »intellektuellen Schwätzer« oder die »Hosenscheißer«, sondern um den »potenziell revolutionären Teil des Volkes«. Das seien jene, die selbst Gefangene seien, »die auf das Geschwätz der Linken nichts geben können, weil es ohne Folgen und Taten geblieben ist«. Die Methode beschrieb der Text ebenfalls: »Die Konflikte auf die Spitze treiben heißt: Dass die nicht mehr können, was die wollen, sondern

Gudrun Ensslin

machen müssen, was wir wollen!« Ensslins Text endete mit einigen klaren Parolen: »Die Klassenkämpfe entfalten! Das Proletariat organisieren! Mit dem bewaffneten Widerstand beginnen! Die Rote Armee aufbauen!« Die Handvoll West-Berliner Linksradikaler verstand sich selbst als »Rote Armee«, also als Teil der kommunistischen Weltrevolution; bald fügten sie ergänzend »Fraktion« hinzu, wodurch ihr berüchtigtes Kürzel »RAF« entstand.

Meinhofs Bekenntnis

Interessanter als der wirre Text der vorbestraften Ex-Doktorandin Ensslin war für die Öffentlichkeit die zweite Äußerung aus dem Untergrund: Ulrike Meinhof hatte ein Tonband besprochen und es dem »Spiegel« zukommen lassen. Als ehemals etablierte Journalistin hatte sie einen bedeutend weiteren Weg in die Illegalität zurückgelegt. In der Argumentation unterschieden sich die beiden Manifeste nur marginal: Auch Ulrike Meinhof nannte die Gefangenenbefreiung den »Anfang«; auch sie attackierte in scharfen Worten die »intellektuelle Linke«; auch sie kündigte an, die »Rote Armee« aufzubauen. Doch in einem Punkt ging Meinhof über Ensslin hinaus – sie drohte offen mit Mord: »Wir sagen, natürlich, die Bullen sind Schweine. Es ist falsch, mit diesen Leuten überhaupt zu reden, und natürlich kann geschossen werden.« Meinhof kündigte an, die Polizei »als Repräsentant des Systems zu bekämpfen«, und zwar »rücksichtslos, skrupellos und bedenkenlos«. Als Begründung verwies sie darauf, dass Po-

»Der Typ in Uniform ist ein Schwein, das ist kein Mensch.«
Ulrike Meinhof

lizisten linke Demonstranten eingesperrt, zusammengeknüppelt und in Berlin auch schon erschossen hätten. Das bezog sich auf den Tod von Benno Ohnesorg am 2. Juni 1967. Aus diesem einen, tragischen Fehler eines Beamten leitete Meinhof für ihre Gruppe das Recht zu töten ab.

Purer Aktionismus

Doch wirklich politische Aussagen und Ziele enthielt keines der beiden Gründungsmanifeste – eigentlich ging es nur um die Kaschierung eines radikalen, gewalttätigen Aktionismus: Mit Anschlägen sollte der Staat gezwungen werden, sein wahres, nämlich »faschistisches« Gesicht zu zeigen; dadurch sollte ein »Volkskrieg« ausgelöst werden, der schließlich der »Revolution« zum Siege verhelfen sollte: »Propaganda der Tat« war das Glaubensbekenntnis der Gruppe. Mit diesem sehr reduzierten Programm hatte sich Andreas Baader vollständig durchgesetzt. Er sorgte auch dafür, dass die sich neu bildende, bald aus mehr als 20 Mitgliedern bestehende Gruppe sich gründlich auf ihren »Krieg« gegen den Staat vorbereitete. Sie reisten über den DDR-Flughafen Berlin-Schönefeld nach Jordanien und ließen sich in einem Terroristencamp an Waffen und Sprengstoff ausbilden; zurück in West-Berlin begannen sie, sich auf kriminelle Weise eine Logistik aufzubauen. Praktisch von Beginn an beteiligt war Brigitte Mohnhaupt.

»Die Baader-Meinhof-Gruppe fand in der Bevölkerung keine Unterstützung«

Die Sympathisanten der RAF

Verbrecher oder Helden?

Die RAF beging seit Mai 1970 schwere und schwerste Straftaten – Banküberfälle, Mordversuche und mehrere Polizistenmorde; außerdem ungezählte Autodiebstähle, Einbrüche bei Ämtern, um Blankopapiere zu erbeuten, und andere Verbrechen. Die Medien berichteten intensiv über die Gruppe, die sich auch gelegentlich mit Papieren aus dem Untergrund meldete. Doch von einer Offensive war noch nicht viel zu spüren. In gewissen Teilen der Gesellschaft hielt sich so Verständnis, sogar Unterstützung für die Illegalen. Mitte Juli 1971 befragte das Institut für Demoskopie Allensbach über tausend Deutsche nach ihrer Haltung zur RAF. Die Ergebnisse waren be-

Radikalenerlass
(Beschluss der Regierungschefs des Bundes und der Länder vom 28. Januar 1972)
Nach den Beamtengesetzen in Bund und Ländern darf in das Beamtenverhältnis nur berufen werden, wer die Gewähr dafür bietet, dass er jederzeit für die freiheitliche demokratische Grundordnung im Sinne des Grundgesetzes eintritt. Beamte sind verpflichtet, sich aktiv innerhalb und außerhalb des Dienstes für die Erhaltung dieser Grundordnung einzusetzen.

sorgniserregend: Fünf Prozent der Deutschen waren nach dieser repräsentativen Umfrage bereit, RAF-Mitglieder zu verstecken. Von den unter 30-Jährigen äußerte sogar jeder vierte Sympathie für Baader, Meinhof und ihre Genossen. Es handele sich bei ihnen nicht um Kriminelle, sondern um Täter, die aus politischen Gründen handelten.

Heinrich Böll

Kurz vor Weihnachten 1971, die RAF hatte gerade bei einem Banküberfall in Kaiserslautern einen Polizisten getötet, titelte die »Bild«-Zeitung: »Baader-Meinhof-Bande mordet weiter!« Das nahm Heinrich Böll zum Anlass für eine Polemik gegen den Springer Verlag und eine verständnisvolle Würdigung der RAF. Die Ideologie der Baader-Meinhof-Gruppe verharmloste er im »Spiegel« zur »Kriegserklärung von verzweifelten Theoretikern«, deren »Theorien weitaus gewalttätiger klingen als ihre Praxis ist«. Die RAF sei nicht »so wahnwitzig wild und schießlustig«, wie sie dargestellt werde. Es handele sich um einen »Krieg von 6 gegen 60 000 000« – eine, so Böll ironisch, »tatsächlich äußerst bedrohliche Situation für die Bundesrepublik Deutschland. Es ist Zeit, den Notstand auszurufen«. Für den Schriftsteller war das eigentliche Problem der »fragwürdige« Rechtsstaat, der in Wirklichkeit eine »gnadenlose Gesellschaft« sei; Ulrike Meinhof solle freies Geleit bekommen und der Verleger Axel Springer wegen Volksverhetzung angeklagt werden.

> **»Will Ulrike Gnade oder freies Geleit?«**
> **Heinrich Böll**

Heftiger Protest von konservativer Seite war die Folge, doch erst der Ordnungsruf von Diether Posser, einem SPD-Minister in Nordrhein-Westfalen, brachte Böll zur Besinnung. Abermals im »Spiegel« schrieb er: »Die Wirkung meines Artikels entspricht nicht andeutungsweise dem, was mir vorschwebte: eine Art Entspannung herbeizuführen und die Gruppe, wenn auch versteckt, zur Aufgabe aufzufordern.« Trotzdem hielt er daran fest, Mitleid gleichermaßen für die erschossenen Polizisten wie für Ulrike Meinhof, die Galionsfigur der RAF, zu empfinden.

»Springer war schuld an den Verletzten«

Die Anschlagsserie im Mai 1972

Baader macht Ernst

Bis Anfang Mai 1972 hatte die RAF drei Polizisten ermordet, weitere Menschen schwer verletzt und eine lange Liste von schweren Verbrechen begangen – aber noch keinen terroristischen Anschlag im eigentlichen Sinne. Dies allerdings nicht aus Zurückhaltung, sondern um vorbereitet in die »Offensive« zu gehen. Insgesamt acht Bombentypen hatten Baader und seine Genossen vorbereitet, hunderte Kilogramm selbst gemixter hochbrisanter Sprengstoff lagen nun bereit. Äußerer Anlass war dann die Verminung vietnamesischer Häfen durch die US-Luftwaffe – die RAF hoffte, mit Anschlägen gegen US-Einrichtungen Zustimmung am linken Rand der Gesellschaft zu finden.

Vier Tote

Sechs Attentate innerhalb von 14 Tagen erschütterten im Mai 1972 die Bundesrepublik. Eine derartige Serie von politisch motivierter Gewalt hatte es noch nie gegeben. Die Ziele waren zwei US-Stützpunkte, aber auch die Polizei in Augsburg und München sowie ein Ermittlungsrichter des Bundesgerichtshofes in Karlsruhe, der für die Behandlung verhafteter Terrorsympathisanten verantwortlich gemacht wurde. Dieses Attentat folgte Baaders zynischem Prinzip: »Bestrafe einen und erziehe Hunderte.« Wie rücksichtslos die RAF vorging, zeigte sich vor allem an der verwendeten Bombe:

**»Bestrafe einen und erziehe Hunderte.«
Andreas Baader**

Schwer verletzt wurde nicht der Richter, sondern seine Frau. Bei der »Mai-Offensive« starben insgesamt vier US-Soldaten, fast hundert Menschen wurden zum Teil schwer verletzt.

Streit in der RAF

Der Springer Verlag war ein Hauptfeind für die RAF. Auf Initiative von Ulrike Meinhof versteckten RAF-Mitglieder am 19. Mai 1972 insgesamt fünf Rohrbomben im Hamburger Verlagshaus. Zwei davon explodierten und verletzten insgesamt 38 Menschen. Innerhalb der RAF war dieser Anschlag umstritten, weil durchweg kleine Angestellte und Arbeiter getroffen wurden. Im Bekennerschreiben griff Ulrike Meinhof deshalb zu einer eindeutigen Lüge: Es sei rechtzeitig, nämlich 15 Minuten vor der ersten Detonation, »gewarnt« worden. Damit sollte der Sympathisantenszene vermittelt werden, dass eigentlich Axel Springer selbst schuld an den Verletzten sei, weil er die Räumung verweigert habe. Allerdings hatte Meinhof nicht damit gerechnet, dass der Ablauf recht genau rekonstruiert werden konnte – in Wirklichkeit lagen zwischen dem ersten Drohanruf und der ersten Explosion gerade einmal sechs Minuten, weitere vier Minuten später ging die zweite Bombe hoch – für die Räumung des großen Hauses hätte man aber mindestens eine halbe Stunde gebraucht. Der Anschlag auf den Springer Verlag war der Einzige, von dem sich je ein führendes Mitglied der Baader-Meinhof-Gruppe distanzierte: Gudrun Ensslin sagte am 4. Mai 1976 in Stammheim, sie trage zwar die Verantwortung für dieses Attentat, habe aber seiner Konzeption nicht zugestimmt.

»1972 hätte der Spuk vorbei sein können«

Die Zerschlagung der RAF

»Operation Wasserschlag«

Nach der Anschlagsserie kippte die Stimmung in Deutschland gegen die Terroristen: Fast alle, die bisher noch um Verständnis für die RAF geworben oder dem Staat eine Mitverantwortung gegeben hatten, distanzierten sich nun. Übrig blieben von der Sympathisantenfront nur wenige, die innerlich bereits selbst kurz vor dem Schritt in den Untergrund standen. Baader und Ensslin redeten sich jedoch das Gegenteil ein: »Die Menschen in der Bundesrepublik unterstützen die Sicherheitskräfte bei der Fahndung nicht, weil sie mit den Verbrechen des Imperialismus nichts zu tun haben wollen«, hieß es im letzten Bekennerschreiben der ersten Terroristengeneration. Eine Woche später startete der Staat die »Operation Wasserschlag«: Am 31. Mai 1972 wurden im ganzen Land flächendeckend Personenkontrollen eingerichtet. Der Zweck war nicht, Illegale aufzuspüren, sondern den Fahndungsdruck zu erhöhen und die Terroristen zu unbesonnenen Handlungen zu verleiten. Das Kalkül ging auf.

Festnahmen

Dank eines Tipps von Anwohnern hatte die Polizei nach den Bombenanschlägen eine Garage in Frankfurt am Main als Stützpunkt der RAF identifizieren können. Der dort gelagerte Sprengstoff war durch ungefährliches Knochenmehl ersetzt worden. Am 1. Juni frühmorgens, nur wenige

Stunden nach der großen Fahndungsaktion, raste ein Porsche gegen die Fahrtrichtung durch eine Einbahnstraße zu dieser Garage. Drei Männer stiegen aus und gingen hinein. Wenig später schlug die Polizei zu. Zwar brach Chaos aus, kam es zu einer wilden Schießerei, aber am Ende konnten Jan-Carl Raspe, Holger Meins und der durch eine Gewehrkugel verletzte Andreas Baader festgenommen werden. Gudrun Ensslin ging eine Woche später ins Netz; der Verkäuferin einer Boutique war aufgefallen, dass die gehetzte, fahrige Kundin eine Waffe in ihrer Jacke hatte. Ulrike Meinhof wurde noch eine Woche später in der Wohnung eines ehemaligen RAF-Sympathisanten verhaftet. Hier hatte sie unterschlüpfen wollen, doch mit einer mehrfachen Mörderin wollte der Grundschullehrer nichts zu tun haben und rief die Polizei. Alfred Klaus von der »Sonderkommission Baader-Meinhof« war zufrieden: Er glaubte, der Linksterrorismus sei besiegt, der Amoklauf beendet. Er irrte sich.

»Jetzt ist der Kampf zu Ende.«
Alfred Klaus

»Die Isolationshaft vernichtete die Gefangenen«

Der Kampf aus der Haft

Nahrungsverweigerung

Die Attacke traf die Behörden unvorbereitet: »Ab heute fresse ich nichts mehr, bis sich die Haftbedingungen geändert haben«, kündigte der Häftling Andreas Baader am 17. Januar 1973 vor dem Berliner Landgericht an. Geladen war er als Zeuge der Verteidigung im Prozess gegen seinen einstigen Anwalt Horst Mahler. Baader nutzte die Gelegenheit für einen öffentlichkeitswirksamen Auftritt – mit Erfolg: Mahler kündigte sofort an, ebenfalls zu hungern; in den folgenden Tagen verweigerten weitere inhaftierte Terroristen die Nahrungsaufnahme. Bald aßen 18 Gefangene, von denen die meisten wegen des Vorwurfs mehrerer Banküberfälle, Sprengstoffanschläge, Mordversuche und vollendeter Morde in Untersuchungshaft saßen, nichts mehr. Die Begründung für diesen ersten kollektiven Hungerstreik der deutschen Justizgeschichte lautete: »Gegen Folter helfen Rechtsmittel nicht. Unsere Forderung ist: Aufhebung der Isolation als Folter für die politischen Häftlinge in der BRD.« Baaders Mutter Anneliese griff ebenfalls die Haftbedingungen an; ihr Sohne hungere, weil das die einzige Möglichkeit für die RAF-Mitglieder im Gefängnis sei durchzusetzen, »dass sie wie alle anderen Häftlinge behandelt werden«.

Komitees gegen Folter

Zeitgleich konnte man in »Konkret« einen Leitartikel von Klaus Rainer Röhl mit der Überschrift

»Recht für Ulrike Meinhof« lesen. Er plädierte für die Interessen seiner ehemaligen Chefredakteurin, geschiedenen Ehefrau und Mutter der gemeinsamen Zwillingstöchter: »Die angeordneten Maßnahmen, insbesondere die totale soziale Kontaktlosigkeit, gehen weit über das hinaus, was auch bei weitester Auslegung des Sicherheitsbedürfnisses notwendig wäre.« Röhl wunderte sich, dass »weder die linke Öffentlichkeit noch die liberale Presse, weder Schriftsteller noch Gewerkschaftskongresse bisher gegen diesen Zustand protestiert haben«. Anfang Mai 1973 wurden in verschiedenen deutschen Universitätsstädten, meist auf Initiative von RAF-Anwälten, »Komitees gegen Isolationsfolter in den Gefängnissen der BRD« gegründet; ihr Ziel formulierte der Soziologe Christian Sigrist: »Es ist die Aufgabe aller demokratischen Kräfte, diese mit den Blutmalen des Faschismus befleckte Justiz daran zu hindern, die Vernichtungsstrategie der herrschenden Klasse zu Ende zu führen und an diesen antiimperialistischen Kämpfern ein Exempel zu statuieren, das auf Jahre hinaus zur Lähmung des Widerstandspotenzials in Westdeutschland führen könnte.« Bei den Komiteegründungen wurde immer wieder ein Brief von Ulrike Meinhof verlesen, in dem sie über die Bedingungen im »toten Trakt« klagte – so nannte die wortgewaltige Ex-Journalistin das Gefängnis Köln-Ossendorf, in dem sie in Untersuchungshaft saß. Am 231. Tag ihrer Haft beschrieb sie eine »rasende Aggressivität«, für die es »kein

»Das Gefühl, die Schädeldecke müsste zerreißen«
Ulrike Meinhof

Ventil« gebe, und ihr »klares Bewusstsein, dass man keine Überlebenschance hat«.

Hungern als Waffe

Immer wieder traten von nun an inhaftierte RAF-Terroristen in den Hungerstreik – offiziell, um ihre Anerkennung als »Kriegsgefangene« durchzusetzen; in Wirklichkeit, weil sie so einen Weg gefunden hatten, ihren Kampf gegen den Staat aus den Gefängnissen fortzusetzen und Unterstützung in der Öffentlichkeit zu gewinnen: Sie benutzten ihre eigene Gesundheit als Waffe. Die Behörden reagierten darauf mit Zwangsernährung, einem ebenso teuren wie entwürdigenden Verfahren, aber die Justiz wollte unbedingt verhindern, dass Terroristen in Haft starben. Baader und Ensslin setzten durch ein illegales, von verschiedenen RAF-Anwälten betriebenes Kassibersystem die Mitglieder der Gruppe in den verschiedenen Gefängnissen unter großen psychischen Druck, um sie am Abbrechen des Hungerns zu hindern. Bei einigen besonders radikalen Gefangenen war das aber gar nicht nötig. Holger Meins starb am 9. November 1974, nachdem er 58 Tage lang jede Nahrung verweigert hatte; zu seinem Tod trug bei, dass der zuständige Gefängnisarzt ins Wochenende gefahren war, ohne die Brisanz der Situation zu erkennen. In Bayern schmierten Sympathisanten Losungen wie »Isolation ist Mord« oder »Rache für Holger« an Kirchen. Bei Meins' Beerdigung trugen RAF-Sympathisanten ein Plakat mit der Aufschrift: »Der Guerilla Holger Meins von Staatsschutz und Justiz ermordet«; im Wort »Staatsschutz« waren die beiden mittleren »S« im Stil der nationalsozialistischen SS-Runen geschrieben.

Willkommene Opfer

Die RAF hatte nun ihren ersten echten Märtyrer: Holger Meins war gestorben in staatlicher Verwahrung, an den Folgen seines »Kampfes« gegen die »Isolation«. Der Begriff »Vernichtungshaft« gehörte ab sofort völlig selbstverständlich zum Vokabular der linksextremen Szene. Regelmäßig setzten die RAF-Gefangenen ihre Lage gleich mit der von Insassen der Nazi-KZs: Ulrike Meinhof schilderte »Auschwitzfantasien«, die »realistisch« gewesen seien; Gudrun Ensslin wunderte sich, dass »wir drin« nicht »abgespritzt werden«. Das Muster wiederholte sich mehrfach: Als Meinhof am 9. Mai 1976 in Stammheim erhängt gefunden wurde, kam sofort das Gerücht auf, ihr Selbstmord sei »nichts anderes als Mord«. In der ganzen Bundesrepublik kam es zu Straßenschlachten. Zu ihrer Beisetzung pilgerten 4000 Anhänger; eines ihrer Plakate lautet: »Ulrike Meinhof, wir werden Dich rächen.« Auch als 1981 ein weniger bekannter Häftling aus dem RAF-Umfeld in einem Hamburger Gefängnis während seines Hungerstreiks im Sterben lag, eskalierte die Gewalt; allerdings starb der Terrorist erst zwei Tage später. Jedes Todesopfer in den eigenen Reihen stärkte die RAF: Die Berichte über »Isolationsfolter« und »Vernichtungshaft« sorgten dafür, dass die Terroristen Anhänger und Nachahmer fanden. Ohne sie wäre die RAF nie zur größten politischen Herausforderung der Bundesrepublik geworden.

»Unterschied toter Trakt und Isolation: Auschwitz zu Buchenwald«
Gudrun Ensslin

Mythos Isolation

Bis heute hält sich die Vorstellung, die Mitglieder der RAF seien unter unmenschlichen, mindestens aber rechtsstaatswidrigen Bedingungen eingesperrt gewesen. Dahinter stand die Annahme, der bundesdeutsche Staat, vor allem die Generation der Frontsoldaten des Zweiten Weltkriegs, habe die Linke mit ähnlicher Härte und Rücksichtslosigkeit bekämpft wie einst die Nazis den Kommunismus. Dabei wurden die RAF-Häftlinge weder durch »Isolationshaft« gefoltert noch gab es in bundesdeutschen Gefängnissen je so etwas wie »Vernichtungshaft«. Vereinzelt reagierten im Sommer 1972 Vollzugsbeamte falsch auf die Aggressivität der Gefangenen, doch das war binnen weniger Wochen abgestellt – eben weil die Behörden jeden Anschein vermeiden wollten, die selbst ernannten Staatsfeinde schlecht zu behandeln.

Privilegien in den Gefängnissen

Mit der einzigen Ausnahme der sechs Wochen der Schleyer-Entführung 1977 waren RAF-Gefangene niemals isoliert: Sie hatten regelmäßig Kontakt mit ihren Anwälten, durften so oft wie laut Strafprozessordnung zulässig privaten Besuch empfangen, konnten Zeitungen und Zeitschriften nach Wunsch abonnieren. Sie besaßen stets Radios und hatten ab 1974 eigene Fernseher in den Zellen, während normale Häftlinge nur einmal pro Woche einen aufgezeichneten Film anschauen durften. Die Terroristen konnten beliebig Bücher lesen; in Baaders Zelle wurden nach seinem Selbstmord 974 Bände gezählt, in Ensslins Raum knapp halb so viele. Sie konnten – entsprechend geltendem Recht – kontrollierte, also zensierte Briefe schreiben und empfangen sowie mit dem Anstaltspersonal, Ärzten und Geistlichen sprechen. Das alles war ihnen möglich, obwohl gegen die Terroristen immer wieder die rechtlich zulässige strenge Einzelhaft angeordnet werden musste, weil sie regelmäßig gewalttätig wurden – Ulrike Meinhof schlug zum Beispiel den Gefängnisarzt und prügelte mit ihrer Klobürste einer Wärterin auf den Kopf.

Totale Kontaktlosigkeit?

Ausdrücklich erlaubt war den Terroristen sogar zeitweise der Umgang mit anderen Gefangenen, was sie strikt ablehnten. Allen Gefangenen, ihren Angehörigen, Verteidigern und damit auch der Öffentlichkeit war stets bekannt, wo sie sich befanden. In der von Klaus Rainer Röhl beklagten Zeit der »totalen sozialen Kontaktlosigkeit« Ulrike Meinhofs, in den ersten neun Monaten ihrer Haft im vermeintlich »toten Trakt« in Köln-Ossendorf, empfing die Terroristin genau wie zulässig alle zwei Wochen einen privaten Besucher, in neun Monaten insgesamt 18, darunter mehrfach ihre Zwillingstöchter. Weitere 30 Gespräche führten Meinhofs Anwälte mit ihrer Mandantin. Andreas Baader bekam in der gleichen Zeit 26-mal Besuch, davon 22-mal von Verteidigern; der weniger bekannte Terrorist Gerhard Müller erhielt insgesamt 35 Besuche. Kein normaler Untersuchungsgefangener bekam derartig häufig Besuch. Von »totaler sozialer Kontaktlosigkeit« konnte keine Rede sein. Ab Ende 1974 war die RAF-Führung in Stammheim gemeinsam inhaftiert und konnte mehrere Stunden täglich unkontrolliert miteinander reden. Hier wurden sie auch sonst ausgesprochen privilegiert behandelt, bekamen sogar Delikatessen aus einem Feinkostgeschäft.

Gründe für das Gerücht

Warum glaubten große Teile der linken Öffentlichkeit in Deutschland trotzdem, die RAF-Gefangenen würden durch »Isolation gefoltert«? Vor allem, weil sie daran glauben wollten: Baaders Einfall, mit dem Foltergerücht den Kampf aus den Gefängnissen heraus fortzusetzen, funktionierte, weil sein Publikum eine unmenschliche Behandlung durch die Behörden erwartete – schien sich so doch das eigene Vorurteil zu bestätigen, nach dem die Bundesrepublik ein Polizeistaat hart an der Grenze zum Faschismus sei. Viele frühere Terrorsympathisanten haben ihren Irrtum inzwischen erkannt; andere aber halten noch immer daran fest. Der zweite Grund war, dass die deutschen Behörden äußert ungeschickt reagierten: Statt offen Journalisten die privilegierten Haftbedingungen der RAF-Gefangenen zu zeigen, beschränkte sich die Justiz auf knappe Mitteilungen, die nur mehr Misstrauen säten. Überhaupt war der Begriff der »Isolation« erst durch einen missverständlichen Brief des Anstaltsleiters von Köln-Ossendorf in die Diskussion geraten; er hatte der zuständigen Staatsanwaltschaft Ende 1972 geschrieben, »die Gefangene Meinhof ist auch akustisch isoliert«. Der Bericht wurde veröffentlicht und schien die Befürchtung zu bestätigen, der Staat gehe unmenschlich mit den Gefangenen um. Drittens nutzte die Justiz die Möglichkeiten nicht, Stimmen aus dem linken Spektrum gegen die Kampagne der Terroristenanwälte einzusetzen. In einem Brief an die RAF-Gefangenen hatte die Unterstützergruppe

»Mein Gott, haben die uns damals verarscht!« Eine frühere Terror-Sympathisantin über Baader und Ensslin

»Rote Hilfe« schon im Sommer 1973 kritisiert: »Der Hungerstreik lügt, wenn er ›Gleichbehandlung‹ der politischen Gefangenen fordert. In Wirklichkeit ist er ein Hungerstreik zur Durchsetzung von Privilegien der politischen Gefangenen.« Viertens litten die RAF-Häftlinge selbstverständlich unter dem Eingesperrtsein, auch wenn es sie insgesamt weniger hart traf als andere Schwerstkriminelle; sie spürten und beschrieben das Phänomen des »Knastkollers«, das sie angesichts der vorangegangenen Zeit des illegalen Lebens vielleicht noch mehr belastete als andere Häftlinge. Das änderte aber nichts daran, dass sich die Behörden mit wenigen Ausnahmen korrekt verhielten.

»Die RAF-Verteidiger wurden in ihrer Arbeit behindert«

Die Rolle der Anwälte

Rechtsanwälte und »Linksanwälte«

Entscheidend trugen zur Verbreitung des Isolationsgerüchts die RAF-Anwälte bei, deren Zahl zeitweise bei mehreren Dutzend lag. Sie überschritten zum Teil deutlich die Grenze zwischen zulässiger Verteidigung und illegaler Unterstützung. Selbstverständlich hatten die inhaftierten Terroristen das Recht, von Verteidigern eigener Wahl vertreten zu werden. Unter ihnen waren allerdings viele, die immer wieder und mit vollem Bewusstsein aus ihrer Ansicht nach politischen Gründen zu Unterstützern der Terroristen wurden. In direktem Gegensatz zu ihrer tatsächlichen Rolle kritisierten die meisten dieser Anwälte in Pressekonferenzen immer wieder lautstark, die Gerichte würden sie bei der Verteidigung behindern – in Wirklichkeit versuchte die Justiz lediglich, die mehr oder weniger durchsichtigen Versuche der Verteidiger, die Prozesse zu sprengen, abzuwehren.

Aktive Mittäter

Mehrere Anwälte wuchsen mit der Zeit in den aktiven Kern der Terrorgruppe hinein und standen sogar zeitweise an der Spitze ihrer informellen Hierarchie. Horst Mahler, der Andreas Baader 1968/69 im Prozess wegen der Kaufhausbrandstiftung vertreten hatte, gehörte im Frühjahr 1970 zum Gründungskreis der RAF, nahm im Sommer desselben Jahres an der Waffenausbildung in Jordanien teil, wurde im Oktober 1970 festgenommen und trennte sich erst in der Haft 1974 vom linksextremen Terror. Baaders Wahlverteidiger Eberhard Becker tauchte, wohl massiv von seinem Mandanten beeinflusst, im Herbst 1973 unter, obwohl er Frau und zwei kleine Kinder hatte. Allerdings wurde Becker schon nach wenigen Monaten in einer konspirativen Wohnung festgenommen, in der auch zahlreiche Waffen, Sprengstoff und Befreiungspläne für die inhaftierten Terroristen gefunden wurden; er wurde wegen Unterstützung der RAF zu viereinhalb Jahren Haft verurteilt.

Noch tiefer verstrickte sich Siegfried Haag, der unmittelbar nach seiner Zulassung als Rechtsanwalt von 1973 bis 1975 Beckers Nachfolger war: Er ging in den Untergrund, nachdem er Waffen für das Attentat auf die Botschaft in Stockholm besorgt hatte und deshalb kurzzeitig festgenommen worden war. Seinen Schritt begründete er, ganz Rechtsanwalt, in einer schriftlichen Erklärung; darin hieß es, »in einem Staat, der Verteidiger mit dem gesamten Arsenal der psychologischen Kriegsführung durch die Massenmedien in Hetzkampagnen diffamiert«, könne er nicht mehr länger als Anwalt arbeiten. Fortan organisierte Haag die »zweite Generation« der RAF, baute eine komplett neue Struktur auf und bereitete die großen Anschläge des Jahrs 1977 mit vor. Als er im November 1976 zufällig festgenommen wurde, fanden die Ermittler bei ihm Hinweise auf die An-

»Es ist an der Zeit, im Kampf gegen den Imperialismus wichtigere Aufgaben in Angriff zu nehmen.«
Siegfried Haag

schlagsziele Siegfried Buback und Hanns Martin Schleyer, allerdings codiert. Haag weigerte sich zu kooperieren und damit, die vorgesehenen Verbrechen zu verhindern.

Kriminelle Unterstützer

Mindestens ein RAF-Anwalt transportierte Waffen und Sprengstoff in den vermeintlichen Hochsicherheitstrakt des Gefängnisses Stammheim. Arndt Müller nutzte dazu ein von RAF-Sympathisanten ausgetüfteltes Schmuggelverfahren, das auf manipulierten Verteidigerakten und unauffälligen Austauschaktionen im Gerichtssaal oder den Besucherzellen beruhte. Da Verteidigerakten vertraulich waren und nicht genau kontrolliert werden durften, waren sie ideale »Container« für alles, was sich darin verstecken ließ. Drei Pistolen, aber auch eine Kamera, ein Toaster und ein Radio gelangten auf diese Weise in die Stammheimer Zellen. Vor Gericht behauptete Müller später, er habe nicht gewusst, dass er Waffen transportierte. Allerdings verbarg er Sprengstoffstangen in seiner Unterhose, doch weil der Metalldetektor nicht anschlug, gab es keinen Grund für eine Leibesvisitation. Müller wurde zu vier Jahren und acht Monaten Haft verurteilt, sein am Schmuggel beteiligter Kollege Armin Newerla zu drei Jahren und sechs Monaten. In Newerlas Auto war eine Skizze gefunden worden, die den Weg zu Hanns Martin Schleyers Kölner Wohnung zeigte. Eine Beteiligung an der Entführung bestritt Newerla; das Gegenteil konnte ihm nicht nachgewiesen werden.

Terroristische Vereinigung (StGB §129a, Absatz 1), 1976
Wer eine Vereinigung gründet, deren Zwecke oder deren Tätigkeit darauf gerichtet sind, Mord oder Totschlag oder Völkermord oder Verbrechen gegen die Menschlichkeit oder Kriegsverbrechen oder Straftaten gegen die persönliche Freiheit in den Fällen des §239a oder des §239b zu begehen, oder wer sich an einer solchen Vereinigung als Mitglied beteiligt, wird mit Freiheitsstrafe von einem Jahr bis zu zehn Jahren bestraft.

Illegale Kommunikation

Wichtig war für die inhaftierten Terroristen auch ein unkontrolliertes Informationsnetz. Schon von Sommer 1972 an schmuggelten Anwälte regelmäßig Kassiber aus den Zellen, aber ab 1973 bauten die Mitarbeiter der beiden wichtigsten RAF-Kanzleien in Stuttgart und Hamburg ein regelrechtes Netzwerk auf. Getarnt als »Verteidigerpost«, kursierten so teilweise viele Seiten lange Nachrichten unter den Gefangenen. Für besonders vertrauliche Nachrichten verwendeten Baader und Ensslin auf Transparentpapier geschriebene Notizen, die Anwälte in ihrer Unterwäsche transportierten; angeblich sollen manche Verteidiger sogar brisante Befehle des RAF-Chefs direkt und mündlich weitergegeben haben, doch das konnte naturgemäß nicht bewiesen werden. Jede Form dieser Kommunikation war illegal, denn Untersuchungshäftlingen in derselben Sache ist der Austausch von Informationen untereinander verboten. Für die Organisation des sogenannten Infosystems verurteilt wurden die RAF-Anwälte Kurt Groenewold (zwei Jahre auf Bewährung), Hans-Christian Ströbele (zehn Monate auf Bewährung) und Klaus Croissant (zweieinhalb Jahre).

Die Rolle Croissants

Croissants Stuttgarter Kanzlei war zudem so etwas wie eine Anwerbezentrale für RAF-Nachwuchs: Mindestens fünf ehemalige Mitarbeiter beteiligten sich direkt an mörderischen Attentaten, ein halbes Dutzend weitere ging 1977 oder später in den Untergrund, um den »Kampf gegen den Staat« zu unterstützen. Croissant war es auch, der Ende 1974 den Besuch von Jean-Paul Sartre in Stammheim organisierte. Der französische Philosoph, vom Anwalt gut vorbereitet, attestierte Andreas Baader »das Gesicht eines gefolterten Menschen«. Allerdings »wusste« Sartre das schon, ohne dass er überhaupt im Gefängnis gewesen war – er gab dem »Spiegel« bereits zwei Tage vor dem Besuch ein Interview, in dem er die »Isolationsfolter« beklagte. Trotzdem gelang es Croissant, der Öffentlichkeit Sartre als »Kronzeugen« für seine Vorwürfe gegen den Staat zu präsentieren.

Vorsichtigere Kollegen

Manche Anwälte der RAF waren aber auch klug genug, sich nicht an solchen strafbaren Handlungen zu beteiligen – oder sie sich nicht nachweisen zu lassen. Otto Schily, der den damaligen Kleinkriminellen Andreas Baader schon 1965 verteidigt hatte, besuchte im Juni 1972 Gudrun Ensslin nach ihrer Festnahme. Drei Tage später tauchte ein Kassiber von Ensslin aus der Haft bei der Festnahme von Ulrike Meinhof auf. Obwohl Schily der einzige auswärtige Besucher der inhaftierten Terroristin gewesen war, reichte dieser zeitliche Zusammenhang als Indiz nicht, um ihn rechtskräftig von der Verteidigung auszuschließen – für eine Anklage natürlich erst recht nicht; ein Ermittlungsverfahren wurde ergebnislos eingestellt. Die Haftbedingungen seiner Mandantin nannte Schily in einem Gastbeitrag im »Spiegel« 1974 wider besseren Wissens »Verwesung bei lebendigem Leibe«; den Stammheimer Richtern warf er vor, den Rechtsstaat nur als Fassade aufrecht zu erhalten – obwohl das Gericht seine ungezählten, vielfach sinnlosen Anträge ordnungsgemäß beriet und meist als unbegründet ablehnte.

»Mit Sicherheitsgründen wird die Isolation gerechtfertigt, ohne Rücksicht auf die langsam verderbende Gesundheit des Gefangenen.«
Otto Schily

Ebenso wenig wie Schily konnte dem RAF-Anwalt Rupert von Plottnitz, später als Grünen-Politiker hessischer Justizminister, eine illegale Unterstützung der Terroristen nachgewiesen werden. Auch gegen ihn wurde ermittelt, doch dieses Verfahren wurde ebenfalls eingestellt. Obwohl von Plottnitz den Vorsitzenden Richter in Stammheim einmal mit »Heil!« gegrüßt hatte, durfte er weiter amtieren. Insgesamt ging die Justiz geradezu pfleglich mit den Anwälten um; Baaders Wahlverteidiger Hans Heinz Heldmann brachte es fertig, den damaligen rheinland-pfälzischen Ministerpräsidenten Helmut Kohl in einem Telegramm, also schriftlich, als »Landeskretin« zu schmähen, ohne dass dies Folgen hatte. Aufgearbeitet ist die zweifelhafte Rolle der RAF-Anwälte bis heute nicht.

»Die Angeklagten befinden sich im Kriegszustand«

Der Stammheimer Prozess

Einzigartiges Verfahren

Das hatte es nie zuvor gegeben in der deutschen Rechtsgeschichte: Eigens für den Prozess gegen die vier Köpfe der RAF wurde direkt neben dem Gefängnis Stammheim eine »Mehrzweckhalle« errichtet, die doch nur einen Zweck hatte. Umgerechnet mehrere Millionen Euro kostete allein der Bau, noch einmal so viel die extremen Sicherheitsvorkehrungen. Es sollte das bis dahin größte Strafverfahren in der Justizgeschichte der Bundesrepublik werden: mit 997 Zeugen und 80 Sachverständigen, etwa 40000 Asservaten vom gesicherten Fingerabdruck bis zur 33 Kilogramm schweren Bombe und Prozessunterlagen von mehr als 150 Leitzordnern. Fünf Richter waren aufgeboten, zwei mehr als eigentlich notwendig – so sollte verhindert werden, dass das Verfahren platzte, falls einer oder sogar zwei der Richter ausscheiden mussten. Von Beginn an war klar, dass der Stammheimer Prozess kein normales Verfahren sein würde: Die vier Angeklagten – neben Baader noch Ulrike Meinhof, Gudrun Ensslin und Jan-Carl Raspe – hatten keinerlei Interesse, mit dem Gericht zu kooperieren; sie wollten das Verfahren zur Bühne für ihre Propaganda machen. Doch damit hatte die Justiz gerechnet. Allerdings waren auch ihre Verteidiger, als Organ der Rechtspflege eigentlich zu einer zwar im Sinne ihrer Mandanten parteiischen, aber dennoch konstruktiven Mitarbeit verpflichtet, nicht gewillt, sich den üblichen Regeln zu unterwerfen: Sie überzogen das Gericht mit allen möglichen Anträgen, größtenteils erkennbar zur Verzögerung des Verfahrens. Erst nach 25 Verhandlungstagen begann überhaupt die Verlesung der Anklage.

In Abwesenheit der Angeklagten

Der Großteil des Verfahrens fand unter Ausschluss der Angeklagten statt, was den Prinzipien des Rechtsstaates eigentlich zuwiderläuft, in Ausnahmefällen aber zulässig ist. Ausgeschlossen wurden die vier RAF-Köpfe allerdings nur, weil sie es ständig darauf anlegten: Sie beleidigten in tatsächlich unerträglicher Form die Richter. So nannte Andreas Baader den Vorsitzenden wiederholt ein »faschistisches Arschloch«, das Gericht sei nichts anderes als ein »Rattenhaufen«; Gudrun Ensslin griff zum Beispiel gern zu Bezeichnungen wie »Altes Schwein« oder »Alte Sau«. Immer wieder störten die Angeklagten, immer wieder drehte der Vorsitzende ihnen die Mikrofone ab, immer wieder reagierten Baader und Ensslin mit wildem Gebrüll, bis sie schließlich ausgeschlossen und abgeführt wurden. Wie man im Protokoll nachlesen kann, bemühte sich der Vorsitzende Richter mit beinahe übermenschlicher Höflichkeit, ein geordnetes Verfahren zustandezubringen – ohne Erfolg.

»In keinem Prozess der deutschen Rechtsgeschichte bis heute wurde so viel gebrüllt wie in Stammheim«
Jörg Herrmann

Vietnam in Stammheim

Die Angeklagten und ihre Verteidiger bestritten die ihnen zur Last gelegten Verbrechen nicht. Sie behaupteten vielmehr, sie hätten als Soldaten im Krieg gegen die Bundesregierung gehandelt. Der sei notwendig, weil Westdeutschland die USA beim Krieg in Vietnam unterstütze. Ausdrücklich argumentierte zwar nur einer der Anwälte so, Axel Azzola, der eher zum Umfeld der Verteidigerschar gehörte; doch die Anträge der Hauptverteidiger sprachen die gleiche Sprache. So verlangte Otto Schily, den früheren US-Präsidenten Richard Nixon und seinen Ex-Verteidigungsminister als Zeugen zu laden, außerdem fast die gesamte politische Spitze der Bundesrepublik. So sollte bewiesen werden, dass die USA in Vietnam das Völkerrecht verletzten (was zutraf), dass die Bundesregierung sie dabei unterstützte (was man mit guten Gründen bezweifeln konnte) und dass deshalb die Anschläge der RAF auf US-Einrichtungen als »Nothilfe« gerechtfertigt gewesen seien (was absurd war, weil Nothilfe stets nur gegen unmittelbar drohende Gefahr geleistet werden kann). Außerdem bot die Verteidigung auch Zeugen aus den USA auf, die den Unrechtscharakter des Krieges in Südostasien beschwören sollten. Das Gericht ließ jedoch nicht zu, dass das Verfahren so in eine Sackgasse manövriert wurde.

Fehler des Staates

Das hätten die Behörden allerdings beinahe auch selbst und ganz unabhängig von der Verteidigung geschafft: Tatsächlich waren in Stammheim im Frühjahr 1975 in einigen Zellen Mikrofone montiert worden, mit denen zweimal über insgesamt 22 Tage Gespräche zwischen den Angeklagten und ihren Verteidigern abgehört wurden. Die Bänder, so die offizielle Version, seien vernichtet, und über mehr als die wenigen Tage hinweg sei nicht abgehört worden. Dieser in jeder Hinsicht rechtsstaatswidrige Verstoß gegen das geschützte Verhältnis zwischen Verteidiger und Mandant hätte das gesamte Verfahren gefährden können. Allerdings hatte das Verhalten der Angeklagten und ihrer Anwälte längst gezeigt, dass sie keinesfalls gewillt waren, sich selbst an Regeln zu halten. So warf die Abhöraffäre zwar einen Schatten auf den Prozess, ließ ihn aber nicht platzen.

»Die Bundesrepublik hatte sich zu nachgiebig gezeigt«

Die Lorenz-Entführung und Stockholm

Eine neue Methode

Am 27. Februar 1975 begann die nächste Offensive des Terrors in Deutschland. Kurz vor neun Uhr stoppten Anarchisten der West-Berliner Gruppe »Bewegung 2. Juni« den Dienstwagen des Berliner CDU-Chefs Peter Lorenz auf seinem täglichen Weg zur Arbeit. Sie verschleppten den Politiker und stellten die Forderung, fünf inhaftierte Genossen seien freizugeben. Überrascht von der neuen Methode, gaben Berliner Senat und Bundesregierung nach – auch weil bei der Entführung niemand zu Tode gekommen und keiner der fünf Gefangenen wegen Mordes verurteilt war. Eine Rolle soll auch gespielt haben, dass Bundeskanzler Helmut Schmidt durch Grippe geschwächt war, als die Entführung geschah. Jedenfalls wurden die fünf inhaftierten Terroristen in den Jemen ausgeflogen; Peter Lorenz kam nach einer Woche in Geiselhaft frei. Alle Freigepressten reisten illegal wieder ein und verübten weitere Verbrechen; für die Entführung selbst wurden fünf Mitglieder der »Bewegung 2. Juni« zu langjährigen Haftstrafen verurteilt.

Vorbild für die RAF

Die West-Berliner Terrorgruppe hatte »bewiesen«, dass der Staat erpressbar war; nun verlangten die Stammheimer Gefangenen, dass ihre eigenen Illegalen das Gleiche taten. Baader hatte in einem Kassiber klare Anweisungen für seine Befreiung gegeben: »Irgendein Austausch ist einfacher zu organisieren, Euer Risiko ist kleiner, mit minimalen eigenen Kräften.« In Baaders Augen hatte der Fall Lorenz die Schwäche des Staates bewiesen. Das wollte die RAF-Spitze ausnutzen: Über die Anwälte bekamen die Illegalen klare Anweisungen, und umgekehrt erfuhren die Stammheimer sogar das genaue Datum der Aktion. Am Morgen des 24. April 1975 fiel dem Gefängnisarzt Helmut Henck auf, dass die Inhaftierten aufgekratzt waren; ein Justizbeamter entdeckte, dass in den Kloschüsseln der Zellen offenbar Papiere verbrannt worden waren. Die RAF-Spitze hatte sich »reisefertig« gemacht.

»Sie waren fröhlich gestimmt wie Kinder.«
Helmut Henck

Schmidt bleibt hart

Doch Baader und Ensslin hatten sich verschätzt: Obwohl sechs Terroristen die deutsche Botschaft in Stockholm widerstandslos besetzen und Geiseln nehmen konnten, misslang die Freipressung. Das hatte mehrere Gründe: Erstens war Helmut Schmidt wieder bei Kräften und fest entschlossen, kein weiteres Mal nachzugeben. Außerdem forderten die Terroristen diesmal die Freilassung einer ganzen Reihe von überführten Mördern, insgesamt 26 Gefangenen; drittens ermordeten sie, um ihren Forderungen Nachdruck zu verleihen, zwei deutsche Diplomaten. Bevor die Bundesregierung ihre Entscheidung umsetzen musste, explodierten die 15 Kilogramm Sprengstoff, mit denen die Terroristen die besetzte Botschaft uneinnehmbar hatten machen wollen; Ursache war ein Versehen der Täter. Ein

RAF-Mann starb sofort, ein zweiter wurde so schwer verletzt, dass er wenig später in der Gefängnisklinik in Stammheim starb. Für beide Toten, so sah es jedenfalls die RAF-Spitze, sei der Staat verantwortlich. Weil aber die Explosion die Geiselnahme beendet hatte und nicht ein Machtwort des Bundeskanzlers, glaubte Baader weiterhin, der Staat würde bei einem erneuten Versuch doch nachgeben.

»Ulrike Meinhof ist ermordet worden«

Ein Suizid und die Folgen

Schreckliche Entdeckung

Guten Abend, meine Damen und Herren. Die Anarchistin Ulrike Meinhof, eine der Angeklagten im Baader-Meinhof-Prozess, hat sich das Leben genommen.« Mit diesen Worten begann am 9. Mai 1976 die ARD-Tagesschau – und so erfuhr ganz Deutschland vom Tod jener Frau, die als Staatsfeind Nr. 1 galt. Es war exakt 7.34 Uhr, als der diensthabende Justizbeamte die Zelle 719 in Stammheim aufschloss. Mit Erschrecken musste er feststellen, dass Ulrike Meinhof am Gitter ihres Zellenfensters hing. Der Strick war aus Stücken zerrissener Anstaltshandtücher geknüpft. Umgehend wurde eine Obduktion angeordnet, die ein klares Ergebnis erbrachte: Selbstmord durch Strangulierung – keine Fremdeinwirkung. Das wollte Meinhofs Schwester nicht glauben – ihr hatte Ulrike gesagt, ein Selbstmord käme für sie nicht in Frage. Die Schwester und Meinhofs Verteidiger verlangten und bekamen eine Nachobduktion, mit identischem Ergebnis. Trotzdem verkündete der Mitangeklagte Jan-Carl Raspe vor Gericht wenig später: »Wir glauben, dass Ulrike hingerichtet worden ist. Wir wissen nicht, wie, aber wir wissen, von wem.«

Ursachen für den Selbstmord

Ulrike Meinhof befand sich im Frühjahr 1976 in einer psychischen Ausnahmesituation: Andreas Baader, an dem sie mit einer Mischung aus Liebe und absoluter Unterwürfigkeit hing, demütigte sie ein ums andere Mal: Er zerriss ihre nächstens getippten Traktate, ohne auch nur ein Wort gelesen zu haben, und verhöhnte sie. Als sich dann Ensslin öffentlich vom Anschlag auf den Springer Verlag distanzierte, muss der ehemaligen Journalistin klar geworden sein, dass sie am Ende war. Sie nahm sich das Leben. Baader wusste den Tod der Frau, die einst seine Befreiung ermöglicht hatte, zu nutzen: Er ließ über Anwälte und Sympathisanten die Behauptung verbreiten, Ulrike Meinhof sei kurz vor ihrem Tod vergewaltigt worden. Mit einiger Mühe brachten die Verteidiger eine allerdings nicht gerade prominent besetzte »Internationale Untersuchungskommission« zusammen, die auftragsgemäß nach zweieinhalb Jahren behauptete: »Die Behauptung der Behörden, Ulrike Meinhof habe sich durch Erhängen selbst getötet, ist nicht bewiesen, und die Untersuchungen der Kommission legen den Schluss nahe, dass sich Ulrike Meinhof nicht selber erhängen konnte.« Allerdings war der Bericht dieser Kommission so schlecht gemacht, dass er nicht ernst genommen werden konnte – zumal die entscheidende Frage nicht ansatzweise geklärt wurde: Was hätte der Staat vom Tod der Angeklagten Meinhof gehabt? Immerhin saß sie sicher hinter Schloss und Riegel und hätte dort in jedem Fall für mehrere Jahrzehnte bleiben müssen.

Deutscher Herbst

»Die RAF hat nur Rache genommen«

Der Mord an Siegfried Buback

Der erste Anschlag

Im Jahr 1977 begann der Herbst schon zu Ostern: Am Gründonnerstag hielt in der Karlsruher Innenstadt wenige Minuten nach neun Uhr ein dunkelblauer Mercedes an einer roten Ampel. In diesem Moment rollte von hinten rechts ein schweres Motorrad mit zwei Männern an die Limousine heran. Als die Ampel auf Grün sprang und der Mercedes anfuhr, riss der Beifahrer der Suzuki ein Automatikgewehr heraus und verfeuerte aus kurzer Distanz ein halbes Magazin in den Wagen. Der Fahrer war sofort tot; auf der anderen Seite der Kreuzung stoppte ein Stahlpfeiler den ausrollenden Mercedes. Noch am Tatort starb der Mann auf dem Beifahrersitz; der Insasse im Fond erlag sechs Tage später seinen schweren Verletzungen. Die Täter auf dem Motorrad fuhren Sekunden neben dem Mercedes her und überzeugten sich, dass alle Insassen getroffen waren. Dann beschleunigten sie und verschwanden. Mit diesem Attentat in Karlsruhe begann die sogenannte zweite Generation der RAF ihre »Offensive 77«. Die Opfer waren der oberste

Ankläger der Bundesrepublik, der 57-jährige Generalbundesanwalt Siegfried Buback, sein Fahrer Wolfgang Göbel und im Fond Göbels Vorgesetzter Georg Wurster.

Kommando Ulrike Meinhof

Wenige Tage nach dem Anschlag bekannte sich die RAF zu dem dreifachen Mord: »Am 7.4.77 hat das Kommando Ulrike Meinhof Generalbundesanwalt Siegfried Buback hingerichtet.« Als »Grund« führte das Schreiben an: »Wir werden verhindern, dass die Bundesanwaltschaft den vierten kollektiven Hungerstreik der Gefangenen um die minimalen Menschenrechte benutzt, um Andreas, Gudrun und Jan zu ermorden, wie es die psychologische Kriegsführung seit Ulrikes Tod offen propagiert.« Buback sei »direkt verantwortlich für die Ermordung von Holger Meins, Siegfried Hausner und Ulrike Meinhof.«

Ein Racheakt?

Aber war das Attentat in Karlsruhe wirklich ein Akt der Rache? Zwar wäre das rein juristisch irrelevant, weil selbst ein begründetes Rachebedürfnis keine Rechtfertigung für Mord ist. Doch in diesem Fall gab es keinerlei Anlass für Rache. Denn keiner der drei genannten Terroristen wurde »ermordet«; nicht vom Staat, nicht von Siegfried Buback und erst recht nicht von seinen beiden Begleitern. Trotzdem kam diese Argumentation am linken Rand der deutschen Gesellschaft durchaus an, wie ein zynischer »Nachruf« auf den ermordeten Generalbundesanwalt zeigte. Ein Göttinger »Mescalero« schrieb in einer Studentenzeitung: »Meine unmittelbare Reaktion, meine ›Betroffenheit‹ nach dem Abschuss von Buback ist schnell geschildert: ich konnte und wollte (und will) eine klammheimliche Freude nicht verhehlen. Ich habe diesen Typ oft hetzen hören, ich weiß, dass er bei der Verfolgung, Kriminalisierung, Folterung von Linken eine herausragende Rolle spielte. Wer sich in den letzten Tagen nur einmal genau sein Konterfei angesehen hat, der kann erkennen, welche Züge dieser Rechtsstaat trägt, den er in so hervorragender Weise verkörperte.« Erst Jahre später gab sich der Autor, Klaus Hülbrock, zu erkennen und bedauerte seinen damaligen »Nachruf« öffentlich.

»Ich konnte und wollte (und will) eine klammheimliche Freude nicht verhehlen.«
Ein Göttinger Mescalero alias Klaus Hülbrock

Mohnhaupts Rolle

Mit dem Buback-Mord startete die RAF ihren größten Angriff gegen den Staat. Die Terroristen hatten jetzt eine neue Anführerin: Brigitte Mohnhaupt, Mitglied der Baader-Meinhof-Gruppe schon seit Sommer 1970. Mit ihr zusammen traten etwa 20 »Illegale« zur »Offensive 77« an; die meisten waren aus Protest gegen die angebliche »Isolationsfolter« zum »bewaffneten Kampf« gekommen. Dabei wusste gerade die neue Anführerin der RAF-Kommandoebene aus eigener Anschauung, dass die Gefangenen in keiner Weise isoliert oder gar gefoltert wurden: Sie saß 1976/77 monatelang mit Baader, Ensslin und Raspe unter privilegierten Umständen in Stammheim. Täglich durfte sie sich hier mit ihren Gesinnungsgenossen austauschen – und wurde dabei vorbereitet auf ihre kommende Aufgabe. Am 8. Februar 1977 wurde sie, nachdem sie eine Haftstrafe wegen unerlaubten Waffenbesitzes bis auf den letzten Tag verbüßt hatte, entlassen und begann sofort mit dem Projekt »Big Raushole«. So nannte die RAF die geplante Freipressung von Baader, Ensslin und weiteren Terroristen. Mohnhaupt organisierte die Rechtsanwaltskanzlei von Klaus Croissant endgültig zur legalen Unterstützerzentrale um, schickte Anwälte mit Waffen und Sprengstoff für die Häftlinge nach Stammheim und tauchte dann selbst wieder ab.

Bis heute ungeklärt

Auch 30 Jahre nach dem »Deutschen Herbst« ist nicht abschließend geklärt, welcher RAF-Terrorist damals schoss, wer das Motorrad und wer den Fluchtwagen fuhr. Zu lebenslänglicher Haft verurteilt wurden Christian Klar und Knut Folkerts als mutmaßliche Mittäter an dem gemeinschaftlich begangenen Dreifachmord; ihre Spuren waren auf dem Tatmotorrad und im Fluchtwagen gesichert worden. Ebenfalls mit Sicherheit beteiligt war Günter Sonnenberg, der die Suzuki gemietet und möglicherweise auch beim Attentat gefahren hat; er wurde bei seiner Festnahme einen Monat nach dem Buback-Mord schwer verletzt und wegen anderer Verbrechen zu lebenslänglich verurteilt. Keiner der verhafteten Tatverdächtigen hat je offen über seine Beteiligung ausgesagt. Erst im Frühjahr 2007, während die Debatte über einen möglichen Gnadenakt des Bundespräsidenten für Christian Klar geführt wurde, sickerte aus RAF-Kreisen durch, dass möglicherweise weder Klar noch Folkerts am eigentlichen Mord beteiligt waren. Strafrechtlich würde das keinen Unterschied machen, da beide unzweifelhaft an den Vorbereitungen mitgewirkt haben.

»Es ging um Gerechtigkeit für die Gefangenen«

Der Terror wird allgegenwärtig

Urteil in Stammheim

Der Anschlag auf Siegfried Buback hatte die Justiz kurz vor dem Urteil im Stammheimer Prozess verunsichern und ein Zeichen setzen sollen, dass der »Krieg« weitergehe. »Der General muss weg«, so Andreas Baader. Doch auf den Fortgang des Prozesses hatte der symbolische Mord am obersten Ankläger keine Auswirkungen. Am 192. Prozesstag, dem 28. April 1977, verkündete der Vorsitzende Richter Eberhard Foth »Im Namen des Volkes« das Urteil: »lebenslänglich« für alle drei Angeklagten wegen mehrfachen gemeinschaftlichen Mordes und vielfachen Mordversuchs sowie weiterer Straftaten. Baader, Ensslin und Raspe war klar, dass sie nun möglicherweise getrennt, also auf verschiedene Haftanstalten verteilt werden könnten – obwohl erst einmal Umbauarbeiten in Stammheim begannen, um hier mehr RAF-Häftlinge unterzubringen. Daher drängten die RAF-Gründer ihre Gesinnungsgenossen im Untergrund, endlich loszuschlagen: Sie wollten keinesfalls ihre gerechte Strafe absitzen müssen.

Ohne Rücksicht auf Verluste

Zuerst brauchten die »Illegalen« zusätzliche Pistolen, ganz gleich, was sie dafür tun mussten. Also überfielen zwei Terroristen am 1. Juli 1977 ein Waffengeschäft in Frankfurt am Main. Kurz vor Geschäftsschluss betraten Knut Folkerts und ein zweiter Mann, Willy Peter Stoll, den Laden von Rolf F. Als sich der 37-jährige Händler einen Augenblick umdrehte, schlug ihm einer der beiden vermeintlichen Käufer mit einem Hammer mindestens fünfmal auf den Kopf. Ein Schädelbruch und schwere Hirnverletzungen waren die Folge; ein anderer, zufällig noch anwesender Kunde wurde, obwohl er von den beiden Räubern mit Schusswaffen bedroht wurde, ebenfalls mit Hammerschlägen bewusstlos geschlagen. Weder dieser Kunde noch der Ladeninhaber hatten irgendetwas mit dem Ziel der RAF zu tun, der Befreiung ihrer inhaftierten Genossen; sie waren einfach nur im Weg. Folkerts und Stoll erbeuteten 21 Pistolen und Revolver, von denen zwei bei dem Mord an Jürgen Ponto und der Entführung von Hanns Martin Schleyer verwendet wurden; weitere der Waffen tauchten bei späteren Festnahmen von Terroristen oder in Depots der RAF wieder auf.

Missbrauchtes Vertrauen

Die RAF-Gefangenen und die »Illegalen« wussten, dass sie mit Kanzler Helmut Schmidt einen harten Feind attackierten. Sie wollten deshalb den Druck auf die Bundesregierung erhöhen und parallel zwei prominente Geiseln nehmen. Der eine sollte Hanns Martin Schleyer sein, der Arbeitgeberpräsident und Daimler-Benz-Vorstand. Das zweite Opfer geriet durch einen Zufall in die Aufmerksamkeit der Terroristen: Die RAF-Unterstützerin Susanne Albrecht kannte Jürgen Ponto, den Chef der Dresdner Bank, privat; er war der Patenonkel ihrer Schwester. Als zwei untergetauchte Terroristen davon erfuhren, überredeten sie die Sympathisantin, eine Entführung zu ermöglichen. Susanne Albrecht zögerte zunächst, dann stimmte sie zu. Sie meldete sich zu einem Besuch bei »Onkel Jürgen« am 30. Juli 1977 an und brachte zwei Begleiter mit – Christian Klar und Brigitte Mohnhaupt. Sie waren ordentlich gekleidet und hatten sogar einen Blumenstrauß dabei. Als Ponto eine Vase holen ging, folgte ihm Klar und zog eine Pistole. Dann fielen auch schon Schüsse. Der Terrorist feuerte einmal, und Brigitte Mohnhaupt tötete Ponto mit fünf Kugeln. Dann flüchteten die drei Täter. Der erste Versuch, eine prominente Geisel zu entführen, war misslungen – stattdessen wurde der Repräsentant des »Schweinesystems« liquidiert.

Versuchtes Massaker

Nur durch einen Zufall scheiterte vier Wochen später der potenziell schlimmste Anschlag, den die RAF je geplant hatte – auch hier war das Motiv ausschließlich die Gier nach Rache. Gegen 10 Uhr am Donnerstag, dem 25. August 1977, besuchte ein Pärchen einen Karlsruher Künstler, angeblich um ein Bild anfertigen zu lassen. Doch in Wirklichkeit waren die beiden an der Rückseite der Wohnung interessiert, die nur 18 Meter vom Dienstgebäude der Bundesanwaltschaft entfernt lag. Die »Kunstliebhaber« überwältigten den Künstler; dann schleppten sie in Einzelteilen einen selbst gebastelten Raketenwerfer in die Wohnung. Peter-Jürgen Boock baute die Waffe auf. Ihre 42 Geschosse sollten das gegenüberliegende Gebäude treffen, dort explodieren und tödliche Splitter verschießen. Gegen 15.30 Uhr waren die Terroristen fertig und verließen die Wohnung. Eine halbe Stunde später hätte ein

Wecker den Raketenwerfer auslösen sollen. Doch dazu kam es nicht: Boock hatte vergessen, das Uhrwerk aufzuziehen. Später behauptete er, den Anschlag bewusst sabotiert zu haben, was weder zu beweisen noch zu widerlegen ist. Jedenfalls fand die Polizei gegen 19 Uhr die scharf gemachte Waffe. Hätte sie funktioniert, wären wohl mindestens fünf Bundesanwälte sowie weitere Menschen gestorben. Vielleicht aus Enttäuschung über den gescheiterten Anschlag dauerte es diesmal neun Tage, bis ein Bekennerschreiben eintraf. Darin wurde der Raketenwerfer zur »Warnung« erklärt – eine Behauptung, die laut Staatsanwaltschaft unglaubwürdig war.

»Der Arbeitgeberpräsident wurde zum Opfer seiner Nazi-Vergangenheit«

Die Entführung von Hanns Martin Schleyer

Warnsignale

Nach dem Mord an Jürgen Ponto erhielt die Polizei zahlreiche Hinweise auf das mutmaßlich nächste Opfer der RAF. Bereits seit Ende 1976 verfügten die Behörden über ein Papier der Terroristen, in dem »H. M. auschecken« stand. Das Bundeskriminalamt prüfte sämtliche Personen, deren Initialen »H. M.« oder auch »M. H.« waren. Allerdings besaßen RAF-Mitglieder ein Faible für codierte Decknamen: Generalbundesanwalt Siegfried Buback zum Beispiel trug in der Terrorplanung den Namen »Margarine«, weil eine der bekanntesten Margarinemarken »S. B.« hieß; darauf waren die Ermittler aber erst nach dem Mord gekommen. BKA-Chef Horst Herold ließ auf der Suche nach einer Erklärung für »H. M.« das »Who's who?« wälzen und eine Liste erstellen. Sie wurde mit einer zweiten Liste verglichen, auf der die Namen jener Personen standen, die die RAF mit dem anderen bekannten Kürzel für das vorgesehene Entführungsopfer, »Big Money«, meinen könnte. »Dann kam man auf eine bestimmte Person, deren Namen ich hier jetzt nicht nennen möchte«, erklärte Herold am 1. September 1977 vor dem Innenausschuss des Bundestages.

Hanns Martin Schleyer

Die Abgeordneten wussten freilich längst, um wen es ging; eine Woche zuvor hatte Innenminister Werner Maihofer Klartext geredet. Immerhin wurde Hanns Martin Schleyer offiziell gewarnt und zur Person der »Sicherheitsstufe 1« erklärt. Er selbst vertraute Freunden an: »Ich werde der Nächste sein.« Ende August gab es in verschiedenen Zeitungen Spekulationen, dass der Arbeitgeberpräsident zum Ziel der RAF werden könnte; ob diese Informationen bei der Polizei durchgesickert waren oder aus anderen Quellen stammten, konnte nie geklärt werden. Allerdings waren die Sicherheitsmaßnahmen ungenügend: Zwar begleiteten drei Leibwächter den Spitzenmanager, doch weder erhielt er ein gepanzertes Fahrzeug noch wurden seine Fahrtstrecken variiert; außerdem fuhr der Begleitschutz hinter Schleyers Wagen, war also im Falle eines Überfalls einigermaßen nutzlos.

Schleyers Vergangenheit

Nicht nur der RAF, sondern eigentlich der gesamten deutschen Linken galt Hanns Martin Schleyer als personifizierter Ausbeuter; er war damit so etwas wie der natürliche Gegner. Er sei »einfach ein Magnet« gewesen, sagte später Stefan Wisniewski, der das Entführungskommando befehligte. Nach diesem Anschlag, so Wisniewski, hätte man sich Erklärungen sparen können, denn es habe jemanden getroffen, der für den »bruchlosen Übergang« von Nazi-Deutschland in die Bundesrepublik gestanden habe. Schleyer, 1915 geboren, war nach zwei Jahren in der Hitler-Jugend 1933 in die SS und 1937 in die NSDAP eingetreten; von 1941 bis 1945 hatte er wegen einer Kriegsverletzung in Prag gearbeitet. Nach der deutschen Kapitulation verbrachte er drei Jahre in französischer Internierung, wurde aber schließlich als »Mitläufer« entnazifiziert. Schleyer machte bald Karriere bei Daimler-Benz, als Experte für Personal- und Tarifpolitik; 1963 ließ er streikende Arbeiter in einem Tarifkonflikt aussperren. Als ihm der Aufstieg zum Daimler-Benz-Chef misslang, konzentrierte er sich auf Ehrenämter wie die Leitung der Arbeitgeberverbände und des Bundesverbandes der deutschen Industrie.

Erfundene NS-Vorwürfe

Für den wesentlich von der DDR-Staatssicherheit unterstützten westdeutschen Schriftsteller Bernt Engelmann gab Schleyer das perfekte Feindbild ab. Er würzte es in seinem halb dokumentarischen Roman »Großes Bundesverdienstkreuz« zudem mit gefälschten und frei erfundenen Details, etwa den Andeutungen, Schleyer sei ein Vertrauter des Gestapo-Chefs Heydrich gewesen oder habe unmittelbar vor der Kapitulation 1945 tschechische Zivilisten in Prag hinrichten lassen. Der Arbeitgeberpräsident versuchte, die Vorwürfe durch Offenheit zu kontern, doch seine Strategie verfing nicht: Der bekannte »Stern«-Reporter Kai Hermann, den Schleyer Ende 1974 für eine Home-Story zu sich eingeladen hatte, schrieb einen Artikel unter dem Titel »Der Boss der Bosse«. Zwar konnte Hermann eine gewisse spontane Sympathie für Schleyer nicht verhehlen, trotzdem beschrieb er den Manager

> **»Für die RAF ist Schleyer der ›Frankenstein‹ des deutschen Kapitalismus.«**
> **Butz Peters**

als Muster einer kontinuierlichen Karriere vom Nationalsozialismus in die Bundesrepublik: »Bei den Schleyers scheint alles so schön intakt – wie von vorgestern.« Er sei der »Wortführer der rechten außerparlamentarischen Opposition«. Der »Stern«-Artikel prägte das Schleyer-Bild seines späteren Entführers Wisniewski wesentlich. Dass sich der Arbeitgeberpräsident längst innerlich distanziert hatte von der mörderischen NS-Ideologie und ein streitbarer Vertreter der demokratischen Marktwirtschaft geworden war, den auch viele Gewerkschafter als Verhandlungspartner schätzten, passte nicht ins Weltbild der bundesdeutschen Linken.

Minutiös vorbereitet

Die Entführung Schleyers durfte keinesfalls scheitern wie zuvor die Botschaftsbesetzung in Stockholm und der Angriff auf Jürgen Ponto. Die Stammheimer Häftlinge hatten in Kassibern an die Illegalen ultimativ eine Freipressungsaktion innerhalb der folgenden zwei Wochen gefordert; sonst würden sie ihr Schicksal in die eigene Hand nehmen. Mohnhaupt wusste, was damit gemeint war: Sie selbst hatte den Transport von Pistolen ins Gefängnis organisiert. Deshalb bereiteten die Untergetauchten den Anschlag genau vor. Schon im Sommer 1977 wurden in und bei Köln Wohnungen angemietet – zum Wechsel der Fluchtwagen und als »Volksgefängnis«. Waffen waren ausreichend vorhanden, auch Geld, Fahrzeuge und gefälschte Papiere. Die Fahrtroute von Schleyer war genau ausgekundschaftet und der Ort für den Überfall festgelegt.

Skrupellos umgesetzt

Um Schleyers Wagen zu stoppen, setzten die Terroristen auf ein heimtückisches Mittel: Sie ließen einen Kinderwagen vor der schweren Limousine des Arbeitgeberpräsidenten auf die Straße rollen. Der Chauffeur reagierte, wie wohl alle guten Fahrer reagieren würden: Er bremste scharf, ohne Rücksicht auf seinen Chef im Fond. Von nun an ging alles sehr schnell: In nur 90 Sekunden ermordete das vierköpfige Kommando – neben Befehlshaber Wisniewski noch Peter-Jürgen Boock, Willy Peter Stoll und Sieglinde Hofmann – die drei Leibwächter im zweiten Wagen sowie den Fahrer. Die Terroristen hatten sich am Abend zuvor »geeinigt«, ihn nur zu töten, wenn er bewaffnet wäre. Genauso interpretierte Stoll den Versuch des Chauffeurs, in Deckung zu gehen – und erschoss ihn. Insgesamt verfeuerten die vier Angreifer weit über hundert Kugeln. Trotzdem blieb das Ziel des Anschlags unverletzt. Brutal schleppten zwei Terroristen Schleyer in einen bereit stehenden VW-Bus und verließen in halsbrecherischer Fahrt den Tatort. Erst zwei Minuten später wurde der erste Notruf bei der Kölner Polizei registriert.

»Der Staat hätte nachgeben können«

Das Ringen um Schleyers Freilassung

Erste Reaktionen

Beim Wechsel ihres Fluchtwagens ließen die Attentäter eine kurze Nachricht für die Polizei zurück – überflüssig, denn die Behörden wussten auch so, wer für die Entführung verantwortlich war. Helmut Schmidt rief umgehend seine engsten Vertrauten zusammen und legte mit ihnen die grundsätzliche Strategie fest: Keinesfalls sollte der zu erwartenden Erpressung nachgegeben werden. Stattdessen wollte man Zeit gewinnen, um das Versteck Schleyers zu finden, das sich nur wenige Kilometer vom Tatort entfernt befinden konnte. Über die Möglichkeit eines Austausches wurde nach Erinnerung der Beteiligten nie nachgedacht; auch Oppositionsführer Helmut Kohl stimmte Schmidts Vorgehen ausdrücklich zu. Noch am Abend des 5. September 1977 hielt der Bundeskanzler eine Ansprache im Fernsehen und ließ keinen Zweifel am Ernst der Lage: »Die blutige Provokation in Köln richtet sich gegen uns alle.« Schmidt verlangte von allen Bürgern, selbst den »kleinsten sachdienlichen Hinweis« der Polizei zu melden. Mit keinem Wort deutete er an, die Bundesregierung könnte nachgeben.

**»Der Terrorismus hat auf die Dauer keine Chance, denn gegen den Terrorismus steht nicht nur der Wille der staatlichen Organe, gegen den Terrorismus steht der Wille des ganzen Volkes.«
Helmut Schmidt**

Kontaktsperre

Im Gegenteil griff der Staat nun zu Mitteln, die beim Umgang mit den inhaftierten RAF-Anführer bislang tunlichst vermieden worden waren: Jeder Kontakt der Häftlinge untereinander und nach außen wurde unterbunden, zunächst durch Anordnung, dann bald sanktioniert durch ein entsprechendes Gesetz, das in bedenklicher Form durch den Bundestag gepeitscht wurde. Schon wenige Stunden nach dem Überfall auf Schleyer war der tägliche »Umschluss« gestrichen; alle Inhaftierten mussten nun allein zum Hofgang auf der vergitterten Terrasse und in die Duschräume gehen. Sie durften ihre Anwälte nicht mehr sehen. Radios und Fernsehen wurden den Gefangenen weggenommen, Zeitungen und Magazine bekamen sie nicht mehr in die Zellen. Denn die Behörden argwöhnten, die Häftlinge würden die Terroristen aus dem Gefängnis heraus lenken. Der Justizbeamte Horst Bubeck, damals verantwortlich für den Hochsicherheitstrakt, erinnerte sich: »Wenn die erste RAF-Generation vorher davon sprach, in Isolationshaft gehalten zu werden, dann log sie. Erst jetzt waren die Gefangenen wirklich isoliert.« Doch umgingen die verurteilten Terroristen diese Maßnahmen: Sie riefen sich über den Gang hinweg zu, und als Dämmplatten vor den Türen dies unmöglich machten, hatte Jan-Carl Raspe schon eine improvisierte Gegensprechanlage zwischen den Zellen in Betrieb genommen. Sie beruhte auf dem über Kabel verbreiteten Anstaltsfunk, den die Häftlinge trotz Verbotes ebenfalls empfangen und sich so über den Ablauf der Entführung informieren konnten.

Maximale Forderungen

Als einen Tag nach der Entführung im Kanzleramt das ausführliche Bekennerschreiben mit den

Kontaktsperre (§31 EVVGV), 1977
Besteht eine gegenwärtige Gefahr für Leben, Leib oder Freiheit einer Person, begründen bestimmte Tatsachen den Verdacht, dass die Gefahr von einer terroristischen Vereinigung ausgeht, und ist es zur Abwehr dieser Gefahr geboten, jedwede Verbindung von Gefangenen untereinander und mit der Außenwelt einschließlich des schriftlichen und mündlichen Verkehrs mit dem Verteidiger zu unterbrechen, so kann eine entsprechende Feststellung getroffen werden.

Forderungen der Entführer eintraf, bestätigten sich alle Befürchtungen des Krisenstabes: Gleich elf Terroristen, darunter sechs verurteilte Mörder, sollten freigepresst werden. Es war das erste von insgesamt acht Ultimaten bis Mitte Oktober, die alle folgenlos verstrichen. Auch Fotos, Videobänder und persönliche Bittbriefe Schleyers schickten die Entführer. Doch Schmidt und seine Vertrauten spielten ein enervierendes Verhandlungsspiel mit der RAF, dessen einziger Zweck es war, Zeit für die Fahndung zu gewinnen. Gleichzeitig wurden Vorschläge aus der »Abteilung Exotisches« (Friedrich Zimmermann) bedacht – von der Verhaftung der Angehörigen von Terroristen bis hin zur offiziellen Einführung der Todesstrafe, von einer inszenierten Scheinfreilassung in einem befreundeten Staat bis zu einer »Gegen-Erpressung«, bei der Beamte die in Stammheim inhaftierten RAF-Gründer entführen und einen nach dem anderen erschießen sollten, bis Schleyer freikam. Helmut Schmidt entschied, derartige – sämtlich verfassungswidrige – Vorschläge zu ignorieren und bei seinen Bemühungen um die Rettung Schleyers zwar bis hart an die Grenzen des Rechtsstaats zu gehen, aber nicht darüber hinaus. Vorrang hatte der Erhalt der Handlungsfähigkeit des Staates. Darin ließ sich Schmidt auch nicht von den verzweifelten Rettungsversuchen der Familie Schleyer beirren, die eine Woche nach der Entführung die Regierung gebeten hatte, aus »innerer Stärke« heraus die Forderungen der RAF zu erfüllen.

»Lasst meinen Mann leben. Tauscht ihn aus!«
Waltrude Schleyer

Schleyers Sicht

Das Opfer war in einer fürchterlichen Lage. Er wusste, dass die Terroristen jederzeit bereit waren, ihn zu ermorden. Vor seiner Entführung hatte der Arbeitgeberpräsident seinem ältesten Sohn gesagt: »Sollten Terroristen versuchen, mich zum Mittel ihrer Erpressung zu machen, bin ich immer bereit, Regierungshandlungen im Sinne der Staatsräson zu akzeptieren.« Ein klares Bekenntnis, auf das Schleyer sich in mehreren seiner handschriftlichen Botschaften aus der Geiselhaft an die Bundesregierung und politische Freunde bezog. Am 7. Oktober 1977 etwa schrieb er: »Ich habe in der ersten Erklärung nach der Entführung zum Ausdruck gebracht, dass die Entscheidung über mein Leben in der Hand der Bundesregierung liegt und habe diese Entscheidung damit akzeptiert. Aber ich sprach von Entscheidung und dachte nicht an ein jetzt über einen Monat dauerndes Dahinvegetieren in ständiger Ungewissheit.« In der Tat steigerte das ermittlungstaktisch richtige Spielen auf Zeit die Qualen für das Opfer und seine Familie noch.

Die Lufthansa als Ziel

38 Tage dauerte die Entführung Schleyers bereits, als die Terroristen am 13. Oktober 1977 einen neuen Trumpf in die Hände bekamen: Palästinensische Hijacker einer mit der RAF verbündeten Terrorgruppe entführten die Lufthansa-Boeing »Landshut« auf dem Weg von Mallorca nach Frankfurt. 87 Geiseln befanden sich an Bord, außerdem vier Entführer. Sie forderten die Freilassung der elf RAF-Häftlinge sowie zwei weiterer palästinensischer Terroristen und 15 Millionen Dollar. Für die Bundesregierung war das die Katastrophe schlechthin: Der mörderische Druck des Terrorismus bedrohte jetzt nicht nur einen Repräsentanten der Wirtschaft, sondern zusätzlich viele Dutzende ganz normaler Bürger. Baader sagte in Stammheim, für diese Eskalation sei Schmidt »verantwortlich« – eine absurde Verdrehung der tatsächlichen Verhältnisse. Der Kanzler blieb bei seiner Haltung: kein Nachgeben, sondern die Verhandlungen verzögern und auf eine Befreiung durch die Polizei setzen. Für einige Tage hielt die Bundesrepublik praktisch den Atem an; nie zuvor und nie danach war die innenpolitische Lage derart gespannt. Das Institut für Demoskopie in Allensbach ermittelte in einer repräsentativen Umfrage, dass je 42 Prozent der Deutschen für Hartbleiben und für Nachgeben war; die übrigen zeigten sich unentschieden – über die Parteigrenzen hinweg. Allerdings waren mehr als doppelt so viele Frauen wie Männer für einen Austausch.

»Schleyer wurde der Staatsräson geopfert«

Alternativen zur harten Linie

Karlsruhe entscheidet

Gab es Alternativen zur Haltung der Regierung? Verzweifelt griff die Familie Schleyer am 15. Oktober 1977 zum allerletzten Mittel: einer Klage vor dem höchsten deutschen Gericht, dem Bundesverfassungsgericht. Damit sollte Kanzler Schmidt gezwungen werden, das Leben der Geiseln über die Staatsräson zu stellen. In der Nacht von diesem Sonnabend zu Sonntag fand in Karlsruhe die wahrscheinlich ungewöhnlichste mündliche Verhandlung statt, die das Verfassungsgericht je gesehen hat; morgens um 5.47 Uhr verkündeten die sechs Richter, die es rechtzeitig zur Verhandlung geschafft hatten, ihre Entscheidung: »Wie die staatlichen Organe ihre Verpflichtung zu einem effektiven Schutz des Lebens erfüllen, ist von ihnen grundsätzlich selbst zu entscheiden.« Das Verfassungsgericht könne keine Strategie für Erpressungsversuche festlegen, »weil dann die Reaktion des Staates für Terroristen von vornherein kalkulierbar würde«. Später berichtete der Präsident des Gerichts, Ernst Benda, die Entscheidung sei schnell gefallen, aber die Bekanntgabe habe man hinausgezögert, um die für diese Nacht geplante Befreiung der Geiseln in der entführten Lufthansa-Maschine nicht zu gefährden.

Fahndung

Der Spruch des Verfassungsgerichts wurde seither immer wieder kritisiert; 2001 schrieb zum

Beispiel der Sozialwissenschaftler Carsten Polzin, es habe sich um »eine unzulässige Rechtsprechungsänderung« und ein »politisches Urteil« gehandelt. Karlsruhe hätte »damals zugunsten Schleyers entscheiden müssen«. Gängig ist auch die Behauptung, Helmut Schmidt habe Schleyer bewusst der Staatsräson geopfert. Der Altbundeskanzler hat diesen Vorwurf stets mit Empörung zurückgewiesen: »Das ist Unsinn. Schleyer wurde nicht geopfert – wir hatten Grund für unsere Zuversicht, ihn zu finden.« In der Tat ermittelten permanent mehrere hundert Beamte mit Hochdruck, und mindestens einmal hatte die Polizei, wie sich im Nachhinein herausstellte, auch einen zutreffenden Hinweis bekommen, dank dessen Schleyer vielleicht unverletzt hätte befreit werden können. Der Tipp wurde allerdings aus unerfindlichen Gründen nicht sachgerecht bearbeitet.

»Wir hatten Grund für unsere Zuversicht.«
Helmut Schmidt

Tragische Situation

Realistisch betrachtet, gab es zum harten Kurs keine Alternative: Nach der Ermordung von vier Begleitern Schleyers konnte der Staat nicht nachgeben; umso weniger, nachdem die Flugzeug-Entführung hinzugekommen war. Die Bundesrepublik wäre fortan nach Belieben erpressbar gewesen. Außerdem waren alle durch die Entführung von Peter Lorenz 1975 freigepressten Terroristen zurück in den Untergrund gegangen. Andreas Baader hatte dem Unterhändler der Bundesregierung bei einem Besuch in Stammheim zwar das Gegenteil zugesagt, doch war er nicht glaubwürdig. Gemessen an den vom Krisenstab erwogenen, aber verworfenen »exotischen Lösungen« war Schmidts Vorgehen tatsächlich der einzig mögliche Weg aus dem Dilemma, in das skrupellose Verbrecher die Bundesregierung gebracht hatten – auch wenn er Menschenleben kostete. Übrigens hätte natürlich auch die RAF nach dem Scheitern ihres Vorhabens Schleyer freigeben können. Doch laut dem, was damals an der Tat Beteiligte darüber berichtet haben, wurde über diese Möglichkeit nicht einmal nachgedacht. Im Rückblick sagte Stefan Wisniewski 1997: »Eine Freilassung ohne politische Gegenleistung wäre nicht als eine menschliche Geste verstanden worden, sondern als Eingeständnis der Niederlage, als voller Erfolg für den Krisenstab, nach dem Motto: Härte zahlt sich aus.« Hanns Martin Schleyers Schicksal war also in jenem Moment schon besiegelt, als er von der RAF verschleppt wurde.

»In Stammheim hat der Staat gemordet«

Das Ende des Terrorherbstes

Entscheidung um Mitternacht

Der 18. Oktober 1977 hatte gerade begonnen, als auf dem Flughafen von Mogadischu Elitepolizisten der deutschen Anti-Terror-Einheit GSG 9 die »Landshut« stürmten. Die palästinensischen Hijacker hatten zuvor bereits den Flugkapitän ermordet. Binnen einer Minute waren drei der Entführer tot, die vierte festgenommen; sieben Minuten nach Einsatzbeginn befanden sich alle Geiseln in Sicherheit außerhalb des Flugzeugs. Gut zwanzig Minuten später, genau um 0.38 Uhr, berichtete der Deutschlandfunk über das glückliche Ende der Flugzeugentführung. In den folgenden Minuten, die man nicht verlässlich rekonstruieren kann, müssen sich Andreas Baader, Gudrun Ensslin und Jan-Carl Raspe über ihr Drahtfunksystem verständigt haben, kollektiv Selbstmord zu begehen. Die beiden Männer holten aus improvisierten Verstecken die Waffen, die ihnen auf Befehl von Brigitte Mohnhaupt Anwälte ins Gefängnis geschmuggelt hatten; Ensslin holte ein Elektrokabel heraus. Baader schoss sich mit einer geradezu artistischen Verrenkung ins Genick, wohl um den Eindruck zu erwecken, er sei ermordet worden. Raspe versuchte das gleiche und traf sich in die Schläfe. Ensslin erhängte sich am Gitter vor dem Zellenfenster.

Ungeklärter Mord

Ebenfalls noch in dieser Nacht beschlossen die Bewacher Schleyers, die ihr Opfer inzwischen in einer Wohnung in Brüssel festhielten, die Tötung des Arbeitgeberpräsidenten. Die genauen Umständen des Mordes irgendwo im belgisch-französischen Grenzgebiet konnten nie geklärt werden: Die als Täter in Frage kommenden Terroristen schweigen eisern; der Einzige aus dem inneren Zirkel der Entführer, der redet, Peter-Jürgen Boock, verbreitet widersprüchliche Versionen. Mit großer Wahrscheinlichkeit war aber Stefan Wisniewski, der schon beim Überfall auf Schleyer das Kommando gehabt hatte, auch am Mord beteiligt.

Posthumer Angriff

Ihren Selbstmord nutzten die drei RAF-Führer für einen letzten, wohl vorbereiteten Angriff auf den Rechtsstaat: Sie wollten die Legende verbreiten, ermordet worden zu sein. Mit Erfolg hatten sie bereits beim Gerücht von der »Isolationsfolter und Vernichtungshaft« auf ein ähnliches Mittel gesetzt. Andreas Baader schrieb am 7. Oktober 1977 einen Brief an das zuständige Gericht, in dem es hieß: »Keiner von uns hat die Absicht, sich umzubringen. Sollten wir hier ›tot aufgefunden werden‹, sind wir in der guten Tradition justizieller und politischer Maßnahmen dieses Verfahrens ermordet worden.« In der Unterstützerszene, die durch die Skrupellosigkeit des Terrorjahrs auf einen ganz harten Kern zusammengeschrumpft war, kam die Botschaft an: Bei der Beerdigung der drei Selbstmörder auf einem Stuttgarter Friedhof kamen über tausend Anhänger, die den »Kampf« fortsetzen wollten, we-

»Der Kampf geht weiter«
Plakat von RAF-Sympathisanten

nigstens verbal. Die letzte Botschaft Baaders fiel bei ihnen auf fruchtbaren Boden; auf Transparenten wurde verkündet: »Gudrun, Andreas und Jan wurden in Stammheim gefoltert und ermordet.« Manche Ex-Terroristen sowie andere Linksradikale verbreiten diese haltlose Behauptung bis heute.

Das Ende der »zweiten RAF-Generation«

In den folgenden Jahren kam es wiederholt zu Schießereien zwischen Terroristen und der Polizei, außerdem zu mehreren Banküberfällen und einem gescheiterten Mordanschlag auf den US-General Alexander Haig, damals Oberbefehlshaber der NATO. Vor allem aber gelangen der Polizei mehrere Verhaftungen, unter anderem der Schleyer-Entführer Stefan Wisniewski und Sieglinde Hofmann. Bei anhaltend hohem Fahndungsdruck zerbrach die Terrorgruppe schließlich: Zehn RAF-Mitglieder setzten sich unter dem Schutz des Ministeriums für Staatssicherheit und mutmaßlich mit Genehmigung von SED-Generalsekretär Erich Honecker in die DDR ab. Sie begannen hier unter falschen Identitäten ein fast ganz normales kleinbürgerliches Leben. Das wurde hin und wieder allerdings gestört, denn drei der zehn Untergetauchten flogen auf; daraufhin stattete die Stasi ihre »Gäste« noch einmal mit neuen Legenden aus, die bis zur Festnahme 1990 hielten. Doch die DDR unterstützte nicht nur RAF-Aussteiger. Schon seit 1970 war der Ostberliner Flughafen Schönefeld eine sichere Station für die westdeutschen Terroristen gewesen, und Anfang der achtziger Jahre bildeten Stasi-Experten mindestens sechs RAF-Mitglieder in der Benutzung von sowjetischen Panzerfäusten aus. Mit genau so einer Waffe wurde am 15. September 1981 ein Anschlag auf den US-General Frederick Kroesen verübt, bei dem es mehrere Verletzte gab. Es war das letzte Attentat der zweiten Generation der RAF: Ende Oktober 1982 entdeckte die Polizei zufällig das Hauptversteck in einem Wald bei Frankfurt; innerhalb weniger Tage wurden Brigitte Mohnhaupt und Christian Klar verhaftet. »Nicht schießen«, rief er, als er sich von Polizisten umringt sah.

Fahndungsplakat 1980

Rätselhafte dritte Generation

»Die RAF war Teil eines internationalen Terrornetzes«

Eine neue RAF

Ein neuer Anfang

Nach den Festnahmen von Mohnhaupt und Klar hofften Optimisten wieder einmal, die RAF sei am Ende. Zwar lebte noch ein halbes Dutzend erfahrene RAF-Mitglieder untergetaucht, darunter war aber keine Führungspersönlichkeit mehr; außerdem gingen alle diese Terroristen und zwei neue Aktivisten bis Sommer 1984 der Polizei ins Netz. Der inzwischen pensionierte BKA-Chef Horst Herold warnte allerdings: »Eine neue Terroristengeneration wird sie ablösen.« Tatsächlich entstand aus dem weiterhin aktiven Sympathisantenumfeld im Herbst 1984 mit erschreckender Geschwindigkeit eine neue, die schon dritte Generation der RAF. Wie diese Gruppe genau zustandekam, wer ihre Wortführer waren, ist bis heute unbekannt. Zu den zentralen Figuren zählte wohl Wolfgang Grams, der bereits 1974 gewaltsam gegen die »Isolationsfolter« protestiert hatte; mit ihm ging seine Lebensgefährtin Birgit Hogefeld in den Untergrund. Die RAF der dritten

Generation schuf sich zudem eine Reserve, die »Kämpfenden Einheiten«. Zwischen 1985 und 1990 verübten diese meist unbekannten »illegalen Militanten« rund 30 Sprengstoffanschläge; dabei kam glücklicherweise außer zwei der Attentäter selbst niemand zu Tode.

Verfassungsschutzbericht 1989
Im Verlauf des Hungerstreiks kam es zu Brandanschlägen, Sachbeschädigungen und Bombendrohungen, zu Flugblatt-, Transparent- und Farbsprühaktionen, zu Besetzungen, Demonstrationen und zu anderen Solidaritätsaktionen von Personen des RAF-Umfeldes, des sonstigen terroristischen Umfeldes und des autonomen Spektrums.

Einheit in Westeuropa

Mitte Januar 1985 verkündete ein Schreiben von RAF und »Action Directe« die deutsch-französische Freundschaft im Terror: »Die westeuropäische Guerilla erschüttert das imperialistische Zentrum!« Die »Action Directe« war 1979 nach dem Vorbild der RAF gegründet worden, wurde aber in Frankreich nicht als besonders bedrohlich eingestuft. Das änderte sich bald nach dem Kommuniqué mit der dritten RAF-Generation: Ein hochrangiger Beamter des Pariser Verteidigungsministeriums wurde ermordet. Die meisten RAF-Bekennerschreiben der folgenden Jahre trugen entweder die Namen der »Action Directe« oder waren nach toten Gesinnungsgenossen aus irischen, palästinensischen oder spanischen Terrorgruppen benannt. In den wirren politischen Äußerungen tauchte nun regelmäßig der Hinweis auf, die Guerilla reagiere auf die »Internationalisierung des Imperialismus« in Westeuropa. So hieß es 1986 nach einem Doppelmord: »Das Ziel der Bourgeoisie in Westeuropa ist die Strukturierung, Beherrschung und Ausrichtung aller Vergesellschaftungsprozesse und gesellschaftlichen Bereiche für die Interessen des Profits und des imperialistischen Kriegs.« Es sollte eine Antwort auf das Zusammenwachsen der Europäischen Gemeinschaft zur politisch-ökonomischen Union sein.

»Das Scheitern des Regimes der internationalen Wirtschaftsbeziehungen ist unumkehrbar.«
RAF

Gescheiterte Europäisierung

Anfang 1987 wurde die Spitze der »Action Directe« bei Orléans festgenommen; damit war die Internationale des Terrors praktisch zu Ende. Ohnehin war sie wohl nur wenig über das hinausgegangen, was die RAF bereits vorher praktiziert hatte: Paris war immer wieder ein Rückzugsort für deutsche Terroristen gewesen; hier hatte die RAF 1979/80 ihre wichtigsten Stützpunkte, und hier hatten sich schon 1969 Andreas Baader und Gudrun Ensslin nach ihrer Flucht vor der Vollstreckung ihrer Haftstrafe wegen der Kaufhausbrandstiftungen versteckt. Mit weiteren europäischen Terroristen war trotz aller Bemühungen der RAF keine Zusammenarbeit zustande gekommen: Die italienische Polizei zerschlug die »Roten Brigaden«, bevor »gemeinsame Aktionen« verübt wurden. Mit belgischen, griechischen und spanischen Gesinnungsgenossen konnten sich die Deutschen gar nicht erst einigen. Die Spanier kritisierten die RAF sogar öffentlich dafür, dass ihnen ein »fester leninistischer Geist« fehle. Vielleicht deshalb bereitete die RAF ein Attentat auf einen US-Stützpunkt in Spanien vor, der allerdings aus technischen Gründen scheiterte.

Nicht alle Anschläge gingen auf das Konto der RAF«

Die Attentate 1984 bis 1991

Perfektion und Dilettantismus

Die neue Generation der RAF hatte aus den Fehlern ihrer Vorgänger gelernt: Bei ihren Anschlägen hinterließen sie kaum mehr Spuren. Nur noch wenige Fingerabdrücke konnten in Fluchtwagen und konspirativen Wohnungen oder an Waffen gesichert werden; daher gelang es der Polizei nur ausnahmsweise, bestimmte Personen mit einzelnen Taten in Verbindung zu bringen. Allerdings wiesen die Anschläge der nachgewachsenen Kommandoebene eine überraschende Unterschiedlichkeit auf – und zwar sowohl, was die Auswahl der Opfer, als auch, was die technische Ausführung der Angriffe anging. Bei den Attentaten der Jahre 1984 bis 1991 standen Perfektion und Dilettantismus nebeneinander, weshalb Medien spekulierten, es gäbe möglicherweise zwei oder mehr Gruppen, die unter dem Namen RAF agierten. Geklärt worden ist diese Mutmaßung bis heute nicht.

Mörderische Präzision

Technisch perfekt waren der Überfall auf den Luftfahrt-Manager Ernst Zimmermann 1985, der mit einem Kopfschuss regelrecht hingerichtet wurde, und der Anschlag auf die Rhein-Main Air Base im selben Jahr, für den ein 20 Jahre junger US-Soldat ermordet wurde, nur um an seinen Ausweis zu kommen; zwei weitere Amerikaner starben. Auch das Bombenattentat auf Siemens-

Vorstand Karl Heinz Beckurts 1986, dem auch sein Fahrer Eckhard Groppler zum Opfer fiel, und vor allem der Anschlag 1989 auf Alfred Herrhausen, den Vorstandssprecher der Deutschen Bank, gehörten zu den perfekt umgesetzten Angriffen. Beim Mord an Herrhausen wurden eine komplizierte Bombenkonstruktion sowie eine Zündanlage mit Lichtschranke eingesetzt; obwohl sein Wagen schwer gepanzert war, starb der Bankchef: »Das hätte auch einen Panzer umgeworfen«, urteilten Polizeiexperten über die Sprengfalle. Da es besseren Schutz als diesen »sondergeschützten« Mercedes mit zwei Begleitfahrzeugen schlichtweg nicht gab, war klar, dass einem entsprechenden Anschlag auch die höchsten Repräsentanten des Staates zum Opfer gefallen wären. Der zuständige Abteilungsleiter im BKA, Wolfgang Steinke, sah in dem Attentat auch eine Warnung: Die Terroristen hätten demonstrieren wollen, dass niemand vor ihnen sicher sei. Mit ähnlicher Präzision erfolgte am 27. Juli 1990 ein Anschlag auf Hans Neusel, den Staatssekretär im Bundesinnenministerium. Er überlebte nur, weil er an diesem Tag ausnahmsweise selbst fuhr, denn sein Chauffeur hatte Urlaub – wäre Neusel wie gewohnt rechts im Fond gesessen, hätte die Bombe ihn zerfetzt. Ebenfalls tödlich präzise war der Anschlag auf Detlev Karsten Rohwedder, Sozialdemokrat, Manager und Chef der Ostberliner Treuhand-Anstalt am 1. April 1991, ausgeführt mit einem Gewehr; beteiligt an dem Anschlag

»Es sieht so, als wollten sie uns beweisen: Wir können, wenn wir wollen, uns ausnahmslos jeden herausgreifen und erledigen.« Wolfgang Steinke

war Wolfgang Grams, wie zehn Jahre später dank neuer Kriminaltechnik nachgewiesen wurde.

Überraschende Fehler

In direktem Gegensatz zu diesen perfekten Anschlägen auf hochrangige Opfer standen andere Verbrechen der dritten Generation. Unerwartet traf die Behörden das Attentat auf den Diplomaten Gerold von Braunmühl am 10. Oktober 1986; der Beamte war zwar für Europa- und NATO-Politik zuständig und damit wichtig, aber in der Öffentlichkeit praktisch unbekannt. Bei dem Mord an dem nicht bewachten Ministerialdirektor wurde dieselbe Waffe verwendet, mit der 1977 Hanns Martin Schleyer hingerichtet worden war. Ebenfalls überraschend erfolgte ein Angriff am 20. September 1988: Zwei Terroristen beschossen den nicht gepanzerten Dienstwagen des Staatssekretärs im Bundesfinanzministerium, Hans Tietmeyer, viermal mit einer Repetierflinte; sein Chauffeur konnte trotz mehrerer Treffer am Wagen zum nächsten Polizeirevier bringen. Auf ein fahrendes Auto hatte die RAF bis dahin noch nie geschossen; schon gar nicht mit einer Flinte, also nur wenigen Schüssen. Laut einer auf dem vorbereiteten Bekennerschreiben nachgetragenen Ergänzung hatte die Maschinenpistole, mit der »zuerst der Fahrer gezielt« hätte »ausgeschaltet« werden sollen, Ladehemmung. Ganz untypisch war schließlich das Attentat auf die US-Botschaft in Bonn am 13. Februar 1991, während amerikanische und britische Flugzeuge den Irak im Golfkrieg sturmreif bombten: Mit automatischen Gewehren feuerten Terroristen über den Rhein hinweg auf das Gebäude; 62 Kugeln trafen die Botschaft, mehr als 190 Schüsse richteten an benachbarten Häuser Sachschäden an. Diese Attacke fiel als rein symbolische Tat aus der Reihe der sonstigen RAF-Anschläge. Auch mehrere Bombenattentate der RAF, etwa 1984 in Oberammergau auf eine NATO-Offiziersschule sowie 1991 in Budapest auf jüdische Emigranten aus der Sowjetunion, scheiterten, weil die Zünder nicht oder zu früh losgingen.

Ungelöster Widerspruch

Da kein Anschlag der dritten Generation aufgeklärt werden konnte, fanden die Behörden bisher auch keine Lösung für diesen Widerspruch zwischen perfekten und dilettantischen Anschlägen der Jahre 1984 bis 1991. Einerseits war die RAF offenkundig technisch in der Lage, selbst intensiv geschützte Opfer zu töten; andererseits griff sie Zielpersonen der zweiten oder sogar dritten Reihe an. Diese Diskrepanz gab vielen Anhängern von Verschwörungstheorien Anlass zu Spekulationen, doch konnte anhand der Bekennerschreiben, der verwendeten Waffen und weiterer Indizien in jedem Fall nachgewiesen werden, dass tatsächlich RAF-Terroristen die Täter waren; wer genau allerdings, musste offen bleiben.

»Die ›dritte Generation‹ war ein Phantom«

Die RAF und die Geheimdienste

Gewagte Theorie

Im Sommer 1992, der jüngste Mord der RAF lag gerade 15 Monate zurück, traten drei Journalisten mit einer spektakulären These an die Öffentlichkeit. Gerhard Wisnewski, Wolfgang Landgraeber und Ekkehard Sieker behaupteten in einem ARD-Film und wenig später in ihrem Buch »Das RAF-Phantom«, dass es nie eine dritte RAF-Generation gegeben habe. Vielmehr sei der linksradikale Terror mit der Verhaftung Christian Klars 1982 zu Ende gegangen. Die Attentate seither seien von westdeutschen Geheimdiensten inszeniert worden, um Argumente für den weiteren Ausbau des Fahndungsapparates in die Hände zu bekommen und nebenbei missliebige Personen in Politik und Wirtschaft unauffällig beseitigen zu können. Von zentraler Bedeutung für diese Verschwörungstheorie war der Mord an Alfred Herrhausen, der mit der professionellen Genauigkeit einer militärischen Spezialeinheit ausgeführt worden war. Der Bankchef hatte kurz vor seinem Tod eine Initiative für die Entschuldung der Dritten Welt gestartet, die, so Wisnewski und seine Partner, für Unwillen in der deutschen und internationalen Wirtschaft gesorgt hatte. Also sei sein Tod bestimmten Kreisen in Deutschland gelegen gekommen. Belege für all das gab es nicht, worin die Autoren wiederum den Beweis einer umfassenden Verschwörung sahen. In der Öffentlichkeit erhielt das Buch vernichtende Rezensionen, fand aber auch eine interessierte Leserschaft, die – wie Wisnewski stolz festhielt – darin »die wichtigste Quelle zum Verständnis der RAF in einer bei diesem Thema gleichgeschalteten Medienwelt« sehen wollte.

Weite Kreise

Seine Verschwörungstheorie zog Kreise: Im Jahr 2000 brachte der Privatsender ProSieben den Thriller »Das Phantom« ins Fernsehen, der weitgehend der Verschwörungstheorie der drei Buchautoren folgte: Eine dritte Generation der RAF habe es nie gegeben, sondern nur Anschläge von Geheimdienstprofis gegen missliebige Wirtschaftsbosse und Politiker. Der Film verschaffte der These vom »RAF-Phantom« erneuten Zulauf. Hauptdarsteller Jürgen Vogel meinte, es sei gut, das Potenzial eines Unterhaltungsfilms zu nutzen, um zu verbreiten, wie es »auch gewesen sein könnte«. Rein filmkünstlerisch bekam »Das Phantom« gute Noten und einen Grimme-Preis, doch die politische Kernaussage verwarfen die Kritiker fast einhellig als absurd. Seither hat Gerhard Wisnewski auch »entdeckt«, dass die USA verantwortlich für die Terroranschläge auf New York sowie Washington am 11. September 2001 gewesen seien und auch die Mondlandungen im Studio inszeniert hätten. Obwohl er sich also nach Kräften selbst diskreditierte, wirkte seine These weiter: Im Frühjahr 2006 erschien ein Roman der Krimiautorin Christa Bernuth mit dem Titel »Innere Sicherheit«, der Wisnewskis Theorien ausmalte.

»An jedem guten Thriller ist schließlich etwas Wahrheit dran.«
Jürgen Vogel

Die Sicht der RAF

Ganz anders beurteilte das die einzige inhaftierte Terroristin, die Ende der achtziger und Anfang der neunziger Jahre der »dritten Generation« der RAF angehört hatte. Birgit Hogefeld, seit 1993 im Gefängnis, gab dem »Spiegel« 1997 ein Interview, in dem sie sich zu Wisnewskis Theorie äußerte: »In den linksradikalen Zusammenhängen, die ich kenne, hatte dieser Unsinn nie eine Bedeutung.« Hogefeld, die nachweislich an dem Bombenanschlag auf die Rhein-Main Air Base (drei Tote) und dem Anschlag auf Staatssekretär Tietmeyer beteiligt war, stellte fest, dass im »RAF-Umfeld« niemand die Behauptung vom »RAF-Phantom« geglaubt habe. Dass jenseits der Sympathisantenkreise durchaus über dieses Buch diskutiert worden sei, hing ihr zufolge »damit zusammen, dass die RAF in den achtziger Jahren von der legalen Linken sehr isoliert war. So wurde das auch diskutiert: als Ergebnis eigener Fehler«.

»Dieser Unsinn hatte nie eine Bedeutung.« Birgit Hogefeld

»Die RAF bemühte sich um Deeskalation«

Der letzte Anschlag

Entspannung nach RAF-Art

Anfang April 1992 verkündete ein Schreiben auf echtem RAF-Papier eine überraschende Wende: »Wir haben uns entschieden, dass wir von uns aus die Eskalation zurücknehmen. Das heißt, wir werden Angriffe auf führende Repräsentanten aus Wirtschaft und Staat für den jetzt notwendigen Prozess einstellen.« Die Terroristen begründeten diesen Schritt mit der »Erkenntnis«, dass »die Befreiungskämpfe insgesamt zu schwach« gewesen seien, »um gegen die auf allen Ebenen ausgeweitete Kriegsführung des Imperialismus durchzukommen«. An ihrer Ideologie hielt die RAF also fest, obwohl sie einsah, »dass es so nicht weitergeht, dass wir als Guerilla alle Entscheidungen allein treffen und die anderen sich an uns orientieren«. Allerdings verlangten die Verfasser dieses Papiers zugleich Zugeständnisse des Staates: Alle haftunfähigen und die am längsten einsitzenden RAF-Gefangenen sollten umgehend freikommen, die anderen müssten bis zu ihrer Freilassung zusammengelegt werden. Der Staat ignorierte diese Forderungen, nicht zuletzt, weil die RAF sich den Weg zurück zur Gewalt ausdrücklich offen hielt: »Wenn sie weiterhin auf Krieg gegen unten setzen, dann ist für uns die Phase des Zurücknehmens der Eskalation vorbei.« Trotzdem kam der mutmaßliche Buback-Attentäter Günter Sonnenberg vier Wochen später frei, nach 15 Jahren Haft.

63 Millionen Euro Schaden

»Zurückgenommen« hatte die RAF nur die Angriffe auf Personen. Dass die Terroristen nicht gewillt waren, auf Gewalt zu verzichten, zeigten sie Ende März 1993: Mit fünf Bomben und insgesamt mindestens 200 Kilogramm Sprengstoff zerstörten sie das gerade fertig gestellte, aber noch nicht in Betrieb genommene Gefängnis Weiterstadt in Hessen. Zehn Männer des Wachpersonals hatten sie zuvor überwältigt und in sicherer Entfernung festgesetzt. Die RAF-Leute brachten sogar Warnschilder in der Umgebung der Haftanstalt an: »Knastsprengung in Kürze – Lebensgefahr. Sofort wegrennen!« Tatsächlich kam kein Mensch zu Schaden; das Gefängnis allerdings wurde weitgehend zerstört, der Sachschaden betrug umgerechnet rund 63 Millionen Euro. Im Bekennerschreiben teilte die RAF mit, der Neubau Weiterstadt sei »exemplarisch dafür, wie der Staat mit den aufbrechenden und sich zuspitzenden Widersprüchen umgeht«. Das traf sogar zu – allerdings gerade umgekehrt wie von den Terroristen gemeint: Das neue Gefängnis sollte die Lebensbedingungen für zahlreiche kriminelle Häftlinge verbessern, die bis dahin oft in jahrzehntealten Haftanstalten einsaßen. Erst vier Jahre nach dem Attentat konnte die wieder aufgebaute Justizvollzugsanstalt Weiterstadt dann doch in Betrieb genommen werden.

»Wolfgang Grams wurde hingerichtet«

Die Katastrophe von Bad Kleinen

Missglückte Festnahme

Fahndungspannen gab es in der Geschichte des Linksterrorismus immer wieder. Doch keine brachte die Öffentlichkeit so auf wie der Fehlschlag in Bad Kleinen am 27. Juni 1993. Obwohl 16 Spezialisten der GSG 9 eingesetzt waren und Dutzende weiterer Polizisten, konnte nur die Terroristin Birgit Hogefeld im Tunnel des Provinzbahnhofs wie geplant festgenommen werden. Ihr Begleiter Wolfgang Grams dagegen ergriff die Flucht, tötete einen der Polizisten, wurde selbst getroffen, stürzte vom Bahnsteig und starb auf den Gleisen. Zwei Tote – kein Zweifel, der Einsatz war ein Fehlschlag. Zur Katastrophe entwickelte er sich allerdings erst danach.

Fürchterlicher Verdacht

Denn vier Tage nach Bad Kleinen verbreitete das WDR-Magazin »Monitor« die Behauptung, »dass Wolfgang Grams am Tatort regelrecht hingerichtet wurde«. Als der Terrorist bereits wehrlos auf den Gleisen gelegen habe, hätte ein GSG 9-Mann ihn mit einem gezielten Kopfschuss getötet. Das ergebe sich aus der Aussage einer Augenzeugin. Die deutsche Öffentlichkeit reagierte konsterniert: Hatte einer der Elitepolizisten aus Wut über den Tod seines Kollegen Lynchjustiz geübt? Der »Spiegel« legte nach und zitierte einen ungenannten »Antiterror-Spezialisten«, der am Einsatz beteiligt gewesen sein wollte und der beschrieb, wie die Hinrichtung abgelaufen sei. Der Bundesinnenminister und der

Generalbundesanwalt verloren ihre Posten. »Bad Kleinen nimmt die Dimension einer Staatsaffäre an«, kommentierte die Tageszeitung »Die Welt«.

Aufklärung einer Legende

Erst nach Jahren und zahlreichen Verfahren vor Gericht kam Klarheit in den Fall Bad Kleinen: Es handelte sich weniger um eine Staatsaffäre als vielmehr um einen Medienskandal. Grams hatte sich tatsächlich in aussichtsloser Lage das Leben genommen. Beide Gewährsleute von »Monitor« und »Spiegel« erwiesen sich als unglaubwürdig – die »Augenzeugin« erzählte mehrfach abweichende Versionen der angeblichen Hinrichtung; der »Antiterror-Spezialist« berichtete nichts als eine »bunte Mischung von Lesefrüchten aus Zeitungen und von ihm Erfundenes«, so der Terrorexperte Butz Peters. Der seinerzeit beim »Spiegel« verantwortliche Redakteur Hans Leyendecker räumte inzwischen seinen »schweren Fehler« ein. Der Mythos der »Hinrichtung« von Grams entstand aus den gleichen Gründen, die schon die Gerüchte von der »Isolationsfolter« gegen RAF-Gefangene und vom »Mord« an Meinhof, Baader, Ensslin und Raspe hatten wachsen lassen: In Teilen der politisch links eingestellten Öffentlichkeit hielt sich weiterhin der Verdacht, der bundesdeutsche Rechtsstaat sei in Wirklichkeit nur die Fassade eines »faschistischen Polizeisystems«, dem jede Schandtat einschließlich Mord zuzutrauen sei. Hinzu kamen einmal mehr die völlig verfehlte Informationspolitik der Bundesanwaltschaft sowie schwere Ermittlungspannen.

»Mein GAU war Bad Kleinen – ein gewaltiger Flop.« Hans Leyendecker

»Die RAF ist jetzt Geschichte«

Die Selbstauflösung

Die Gruppe zerbricht

Die Fahndungskatastrophe von Bad Kleinen nährte zwar das Misstrauen der deutschen Linksextremen gegen den Staat. Aber das wog nicht den Verlust der zwei wichtigen »Kader« Hogefeld und Grams auf. Die Reste der Terrorgruppe, deren genaue Zusammensetzung nie festgestellt wurde, erodierten nun zunehmend. Am 28. Oktober 1993 trennten sich die Hardliner unter den RAF-Häftlingen in einem offenen Brief von den verbliebenen Illegalen. »Seit Mai haben die Gefangenen in Celle die Abwicklung der RAF in Gang gesetzt, mit Einverständnis der Illegalen«, schrieb Brigitte Mohnhaupt im Namen von zehn einsitzenden Terroristen, darunter Christian Klar. Das sei der »Bruch« innerhalb der Gefangenen und mit den Illegalen. Die RAF-Häftlinge in Celle antworteten darauf schon am nächsten Tag: »Was Brigitte Mohnhaupt erzählt, ist die Simulation von Wirklichkeit.« Auch die untergetauchten RAF-Mitglieder meldeten sich: »Es entspricht nicht unserer Verantwortung aus 23 Jahren Kampf der RAF, die RAF unter allen Umständen ins nächste Jahrtausend zu retten.« Die dritte RAF-Generation forderte Mohnhaupt und die anderen Hardliner auf: »Kommt zur Besinnung! Auch wenn ihr dabei über euren Schatten springen müsst!«

Verfassungsschutzbericht 1998
Spätestens seit dieser Erklärung kann davon ausgegangen werden, dass sich die RAF tatsächlich aufgelöst hat und als terroristische Vereinigung nicht mehr existiert. Insofern geht eine konkrete Beeinträchtigung der Sicherheit in der Bundesrepublik Deutschland von ihr nicht mehr aus.

Das offizielle Ende

In den folgenden Jahren ging der Austausch von Botschaften zwischen den Gefangenen, den Illegalen und der Öffentlichkeit weiter. Die RAF schrieb nun sogar Leserbriefe an die linksradikale Berliner Tageszeitung »Junge Welt«. Ein lange gesuchter mutmaßlicher Terrorist stellte sich 1996 der Bundesanwaltschaft – und wurde umgehend nach seiner Aussage wegen mangelnden Tatverdachts freigelassen. Reihenweise kamen in den neunziger Jahren zu »lebenslänglich« verurteilte Attentäter auf Bewährung frei, meist nach 15 bis 20 Jahren hinter Gittern. 1998 schließlich veröffentlichten die untergetauchten Terroristen dann die Auflösungserklärung, ein letztes Mal geschrieben auf dem Papier, durch das die Echtheit fast aller Bekennerschreiben der dritten Generation festgestellt werden konnte.

Die Auflösungserklärung

»Vor fast 28 Jahren, am 14. Mai 1970, entstand in einer Befreiungsaktion die RAF: Heute beenden wir dieses Projekt. Die Stadtguerilla in Form der RAF ist nun Geschichte«, hieß es in dem achtseitigen Brief. Weiter reichte die Einsicht allerdings nicht: »Wir stehen zu unserer Geschichte. Die RAF war der revolutionäre Versuch einer Minderheit, entgegen der Tendenz dieser Gesellschaft zur Umwälzung der kapitalistischen Verhältnisse beizutragen. Wir sind froh, Teil dieses Versuchs gewesen zu sein.« Im Wesentlichen hielten die unbekannten Autoren fest an ihrer Fiktion des berechtigten Kampfes gegen den Staat: »Die Guerillas der Metropolen haben den Krieg, den die imperialistischen Staaten außerhalb der Zentren der Macht führen, in das Herz der Bestie zurückgetragen.« Bedauernd stellte das Schreiben fest: »Die RAF konnte keinen Weg zur Befreiung aufzeigen. Aber sie hat mehr als zwei Jahrzehnte dazu beigetragen, dass es den Gedanken an Befreiung heute gibt.« Am Ende stand die Auflistung von 26 Toten der RAF oder des RAF-Umfeldes, darunter auch jener, die mit Pistolen, Stricken oder Hungerstreiks Selbstmord begangen hatten. Dagegen enthielt die Auflösungserklärung kein einziges Wort des Bedauerns um die Opfer des terroristischen Amoklaufs, keine Spur einer Entschuldigung bei deren Angehörigen und den hunderten Verletzten der Anschläge, von denen viele nie wieder ganz gesund wurden.

»Wir denken an alle, die überall auf der Welt im Kampf gegen Herrschaft und für Befreiung gestorben sind.«
RAF

Nicht beendet

Trotz der Auflösungserklärung war das Kapitel RAF nicht abgeschlossen. Immer noch waren mehrere Untergetauchte flüchtig; am 30. Juli 1999 begingen mindestens zwei von ihnen einen Raubüberfall und erbeuteten umgerechnet eine halbe Million Euro. Mit der Zeit stellten sich zwar weitere untergetauchte RAF-Mitglieder, so dass seit 2003 nur noch vier mutmaßliche Terroristen per Haftbefehl gesucht werden. Auch wurden keine Schwerverbrechen in Deutschland mehr bekannt, die dem linksterroristischen Umfeld zuzuordnen wären. Doch blieben viele weiße Flecken: Von den Anschlägen der dritten Generation konnte kein einziger vollständig aufgeklärt werden. Im Sommer 2007 kam die vorletzte Terroristin dieser Gruppe auf Bewährung frei – umfassend ausgesagt hat sie allerdings nie, ebenso wenig wie andere mutmaßliche Angehörige der Kommandoebene. Das Gesetz des Schweigens hielt an.

Nachwirkungen und Folgen

»Der Staat hat überreagiert«

Die Bilanz des Terrors

Materielle und immaterielle Schäden

67 Tote und 230 zum Teil schwer verletzte Menschen. 31 Banküberfälle mit einer Gesamtbeute von umgerechnet 3,5 Millionen Euro. Eine Million sichergestellte Objekte und elf Millionen Blatt Ermittlungsakten. 517 Menschen verurteilt wegen Mitgliedschaft in einer terroristischen Vereinigung. Sachschäden von mehr als 250 Millionen Euro. Ein Vielfaches davon an Kosten für den Ausbau von Polizei und Sicherheitsvorkehrungen, für Fahndung und Aufwendungen der Justiz. Dies sind die nüchternen Fakten, die der langjährige Chef des Bundeskriminalamtes, Horst Herold, 2001 in einer seiner seltenen öffentlichen Äußerungen zum Thema RAF nannte: die Bilanz des Terrors. Dabei waren und sind die tatsächlichen Kosten dieses politischen Amoklaufes noch bedeutend höher. Doch wie soll man die immateriellen Schäden messen? Die entgangene Lebenszeit

»Kein noch so hehrer Gedanke rechtfertigt die Tötung von Menschen.«
Horst Herold

der Ermordeten? Das Leid der Hinterbliebenen? Die Schmerzen der Verletzten? Die Ängste, die tausende Menschen manchmal über Jahre hinweg ausstehen mussten? Schließlich die Folgen für alle Bundesbürger: eine »bedrückende Präsenz der Sicherheitsorgane, weitreichende Eingriffe in das Rechtssystem, Verschlechterung des Ansehens der Bundesrepublik in der Welt, Veränderungen des politischen Klimas« – so formuliert von Herold. Die RAF hat das Land verändert, allerdings ganz anders, als ihre Mitglieder sich das vorgestellt hatten.

Relativ lebenslänglich

In deutschen Gefängnissen ist mit einer einzigen Ausnahme kein Terrorist ohne eigene Schuld gestorben. Zwei Inhaftierte hungerten sich zu Tode, obwohl beide zwangsernährt wurden; fünf weitere erhängten oder erschossen sich; einer überlebte die Folgen einer selbst herbeigeführten Explosion nicht. Die Ausnahme ist eine Frau, die an einem zu spät diagnostizierten Krebsleiden starb. Die Höchststrafe »lebenslänglich«, rechtskräftig gegen insgesamt 26 RAF-Mitglieder verhängt, zog in der Praxis Haftzeiten zwischen zwölf und maximal 26 Jahren nach sich – im Einklang mit höchstrichterlicher Rechtssprechung. Denn das Bundesverfassungsgericht hatte 1977 geurteilt, dass auch jeder zu »lebenslänglich« Verurteilte die Chance haben muss, wieder in Freiheit zu kommen. Von allen Terroristen am längsten saß Brigitte Mohnhaupt im Gefängnis: insgesamt etwa 29 Jahre, von 1972 bis 1977 wegen unerlaubten Waffenbesitzes und von 1982 bis 2007 wegen mehrfachen Mordes. Das war keine außergewöhnlich lange Haftzeit; in Bayern zum Beispiel verbrachte ein normaler Mörder 37 Jahre hinter Gittern. Auch behandelte die Justiz RAF-Mitglieder im Durchschnitt milder als andere zu »lebenslänglich« verurteilte Verbrecher: Sie wurden im Mittel nach 18,8 Jahre entlassen, während die durchschnittliche Haftzeit bei allen Entlassenen mit »lebenslänglichen« Strafen in Deutschland bei 19,9 Jahren liegt. Im August 2007 saßen nur noch zwei RAF-Mitglieder ein: Christian Klar, dessen Mindesthaftzeit von 26 Jahren Anfang 2009 ausläuft, und Birgit Hogefeld, die erst 2011 freikommen wird, falls der Bundespräsident sie nicht zuvor begnadigen sollte.

Das Bundesverfassungsgericht zur lebenslangen Haft, 1977
Zu den Voraussetzungen eines menschenwürdigen Strafvollzugs gehört, dass dem zu lebenslanger Freiheitsstrafe Verurteilten grundsätzlich eine Chance verbleibt, je wieder der Freiheit teilhaftig zu werden. Die Möglichkeit der Begnadigung allein ist nicht ausreichend; vielmehr gebietet das Rechtsstaatsprinzip, die Voraussetzungen, unter denen die Vollstreckung einer lebenslangen Freiheitsstrafe ausgesetzt werden kann, und das dabei anzuwendende Verfahren gesetzlich zu regeln. (BVerfGE 45, 187)

Recht, nicht Rache

In weiteren Fällen, vor allem gegen die 1980 in der DDR abgetauchten RAF-Mitglieder, urteilten deutsche Gerichte milde; sie wendeten dabei die

Kronzeugenregelung an, die eigens geschaffen worden war, um die Verfolgung terroristischer Vereinigungen zu erleichtern. Susanne Albrecht zum Beispiel, die den Mord an Jürgen Ponto überhaupt erst ermöglich hatte, erhielt nur zwölf Jahre Gefängnis, von denen sie ein Viertel hinter Gittern und ein weiteres knappes Viertel im offenen Vollzug verbrachte. Zudem waren die Haftbedingungen praktisch aller RAF-Gefangenen, abgesehen von den Wochen der Schleyer-Entführung im Herbst 1977, korrekt, teilweise sogar außerordentlich gut; von »Isolationsfolter« oder Benachteiligung konnte nie die Rede sein. Der Staat handelte insgesamt dem geltenden Recht entsprechend; Racheakte der Behörden gegen die selbst erklärten Revolutionäre sind nie überzeugend belegt worden, auch wenn entsprechende Gerüchte bewusst gestreut wurden, jahrzehntelang kursierten und teilweise in der Öffentlichkeit bis heute geglaubt werden. Politik und Polizei haben, von wenigen Ausnahmen abgesehen, nicht überreagiert. Die Einschränkungen, die zahllose Bürger durch die Fahndungsmaßnahmen hinnehmen mussten, waren fast immer eine notwendige Antwort auf die Herausforderung des Linksterrorismus. Die Demokratie in der Bundesrepublik ist zudem gestärkt aus der Auseinandersetzung mit der politischen Kriminalität hervorgegangen – allerdings zu einem hohen Preis, den vor allem die Opfer der RAF und ihre Angehörigen zu zahlen hatten.

»Die RAF interessiert heute niemanden mehr«

Die Aktualität des Terrors

Aufarbeitung im Film

Außer den Jahrhundertverbrechen des Nationalsozialismus hat kein zeithistorischer Stoff mehr deutsche Regisseure zu Verfilmungen animiert als die RAF; über den Ersten Weltkrieg, die Flucht von Millionen Deutschen aus Osteuropa oder andere einschneidende Ereignisse gibt es weniger Arbeiten als über die Herausforderung der Gesellschaft durch den Linksradikalismus. Namhafte Regisseure wie Rainer Werner Fassbinder und Volker Schlöndorff widmeten sich diesem Thema gleich mehrfach; Margarethe von Trotta, Alexander Kluge und Reinhard Hauff schufen weithin beachtete Filmkunstwerke. In vielen dieser Filme war ein unbestimmtes Misstrauen gegenüber dem Rechtsstaat Bundesrepublik und dem Vorgehen der Behörden gegen den Terrorismus spürbar. Davon konnten sich auch spätere Dokumentationen, etwa von Klaus Stern und Andreas Veiel, nicht völlig freimachen. Sie erhielten höchste Filmpreise, obwohl sie unter-, vielleicht auch unbewusst Verständnis mit den Tätern vermittelten, zum Beispiel, wenn parallel die Lebensläufe des RAF-Opfers Alfred Herrhausen und des RAF-Täters Wolfgang Grams gezeigt wurden (»Black Box BRD«). Erst zum 20. Jahrestag der Schleyer-Entführung 1997 gelang es dem Fernsehproduzenten Heinrich Breloer in seinem Zweiteiler »Todesspiel«, diesen falschen Tonfall in einem Film über den RAF-Terror zu vermeiden. 2008 will Bernd Eichinger (»Der Untergang«) die Anfangsphase der RAF als großen Spielfilm in die deutschen Kinos bringen; das Drehbuch schrieb Stefan Aust, Chefredakteur des »Spiegel« und ebenso Zeitzeuge wie Chronist der Entstehung des Linksterrorismus in Deutschland. Ebenfalls 2008 wird die ARD die Entführung der Lufthansa-Boeing als Spielfilm zeigen.

Eine Ausstellung

Im Sommer 2003 wurde bekannt, dass die Berliner Galerie »Kunst-Werke« eine Ausstellung zum Thema RAF vorbereitete. Als Kurator zeichnete unter anderem Gudrun Ensslins Sohn Felix verantwortlich. Die Ausstellung sollte über hundert Werke von mehr als 50 Künstlern vereinigen, darunter Exponate von Gerhard Richter, Joseph Beuys und Sigmar Polke. Die Galerie beantragte staatliche Fördermittel; im dazu eingereichten Konzept hieß es: »Welche Ideen, Ideale [der RAF; sfk] haben ihren Wert durch die Zeit behalten und können nicht als naiv abgetan werden?« Daraufhin erhob sich ein Sturm der Entrüstung, bei Hinterbliebenen von RAF-Opfern und bei den meisten Medien – offenbarte die Formulierung doch, dass die Kuratoren der Ausstellung glaubten, die RAF habe überhaupt »Ideale« vertreten. Auf die Kritik hin räumten sie ein, das Konzept habe »sehr strittige Positionen« enthalten, verschoben ihre Präsentation und finanzierten sie weitgehend privat. Im Januar 2005 eröffnete die überarbeitete Schau unter dem Titel »Zur Vorstellung des Terrors. Die RAF«; die Exponate waren ergänzt worden durch eine Wand mit Zeitungs- und Magazinseiten, die 29

Ereignisse, vor allem Anschläge, der Jahre 1967 bis 1998 dokumentierten. Allerdings blieb die Wirkung dieser Ergänzung zum Trotz zwiespältig: »Die Kunst verleiht der RAF eine Ästhetik, die sie niemals hatte«, notierte der RAF-Experte Butz Peters, und in der »Zeit« kritisierte Hanno Rauterberg: »In ihrer Hassliebe für die Motive der RAF stehen für viele Künstler die Täter ganz im Mittelpunkt.« Die öffentliche Diskussion nutzte der Galerie allerdings: Innerhalb eines Vierteljahres kamen mehrere zehntausend Besucher. Zu einer kritischen Auseinandersetzung mit dem Terror waren gerade eher linke Intellektuelle trotzdem nicht in der Lage; im umfangreichen Begleitband fanden sich wieder Stimmen, die Verständnis zeigten für den Weg, den Baader, Meinhof, Ensslin und die anderen Terroristen gewählt hatten.

Scheinbare Beruhigung

Mit dem 11. September 2001 hatte sich in Deutschland das Verständnis von »Terror« verändert. Die RAF und ihr Versuch, eine »Revolution« herbeizubomben, verschwanden scheinbar zunehmend aus dem Bewusstsein, wurden ersetzt durch die noch bedrohlichere und gegenwärtige Gefahr des islamistischen Extremismus. Ausgerechnet der ehemalige RAF-Verteidiger Otto Schily, nun Innenminister, setzte ohne nennenswerte Probleme weitaus tiefere Einschnitte in die Rechte ganz normaler Bürger durch, als selbst während des Deutschen Herbstes 1977 je erlassen worden waren. Die RAF schien der Vergangenheit anzugehören. Auch nahm die Öffentlichkeit überwiegend teilnahmslos hin, als im Herbst

2006 bekannt wurde, dass Bundespräsident Horst Köhler eine Begnadigung Christian Klars prüfe. Ebenso blieben nennenswerte Reaktionen aus, als der vormalige Bundesinnenminister Gerhart Baum sich für die Freilassung der damals noch vier einsitzenden RAF-Mitglieder aussprach. Wiederholungsgefahr bestehe nicht, begründete Baum seine Forderung, Sühne sei getan: »Diese lange Haft ist nicht mehr zu begründen.»

**»Es muss endlich mal ein Schlussstrich gezogen werden.«
Gerhart Baum**

»Gnade braucht keine Reue«

Die Diskussion über Brigitte Mohnhaupt und Christian Klar

Nach Recht und Gesetz

Umso überraschender waren die heftigen Reaktionen in der Öffentlichkeit, als im Januar 2007 bekannt wurde, dass Brigitte Mohnhaupt nach Verbüßung der Mindesthaftzeit auf Bewährung entlassen werden sollte. Die Justiz orientierte sich strikt am geltenden Recht: Die Bundesanwaltschaft beantragte selbst die Freilassung, unter anderem, weil der Gefängnisdirektor der Gefangenen gute Führung attestierte, und das Oberlandesgericht Stuttgart entsprach diesem Antrag. Obwohl zahlreiche Politiker und Angehörige von RAF-Opfern heftig Einspruch erhoben, ließen sich die Institutionen des Rechtsstaates nicht beirren: Am 24. März 2007, zu ihrem eigenen Schutz sogar 48 Stunden vor dem Stichtag, durfte die zu fünfmal »lebenslänglich« und zusätzlich 15 Jahren Haft verurteilte Terroristin das Gefängnis verlassen; sie war schon vorher mehrfach ausgeführt worden. Mit juristischen Mittel wehrte sie sich nach ihrer Entlassung dagegen, in Zeitungen als »Mörderin« oder als »schlimmste Terroristin« bezeichnet zu werden. Brigitte Mohnhaupt dürfe den Schutz ihres Persönlichkeitsrechts in Anspruch nehmen, begründete ihr Anwalt: »Sie muss daher derartige diffamierende Veröffentlichungen nicht hinnehmen.« Daran hielten sich die Medien weitgehend. Ungeklärt blieb allerdings, ob die beanstandeten Berichte überhaupt »diffamierend« waren – immerhin hatte Brigitte Mohnhaupt die RAF 1977 bis 1982 unbestritten befehligt und in mindestens einem Fall auch eigenhändig gemordet.

Bewährung und Gnade

Das Oberlandesgericht Stuttgart hatte Brigitte Mohnhaupt vor ihrer Entlassung attestiert, dass sie ihre Verbrechen bereue. Allerdings bezog sich das nur auf Erfahrungen mit der Gefangenen innerhalb des Gefängnisses. Denn öffentlich geäußert hatte sich Mohnhaupt das letzte Mal Ende Oktober 1993 – vollkommen uneinsichtig und starr der RAF-Ideologie verhaftet. Seither gab es keine nennenswerte Mitteilung von ihr, weder ein Zeichen von Einsicht in die Irrtümer ihrer Biografie noch ein Wort des Bedauerns. Derlei war jedoch auch nicht notwendig für die Entscheidung über ihre Entlassung auf Bewährung – dabei zählten ausschließlich eine möglichst geringe Wiederholungsgefahr und eine günstige »Sozialprognose«. Anders ist das beim Gnadenrecht, einem Überbleibsel vergangener absolutistischer Zeiten im modernen Rechtsstaat. Christian Klar, der nach Rechtslage frühestens 2009 entlassen werden kann, hatte schon beim damaligen Bundespräsidenten Johannes Rau ein Gnadengesuch eingereicht. Doch erst Raus Nachfolger Horst Köhler nahm sich dieses Gesuches an und prüfte es monatelang. Bei seiner Entscheidung war er ausschließlich an sein Gewissen gebunden.

Das Bundesverfassungsgericht zum Gnadenerweis (1969)
Die nach dem Grundgesetz und den Landesverfassungen zur Ausübung des Gnadenrechts berufenen Amtsträger können ihre Entscheidung grundsätzlich nach freiem Ermessen treffen. Nach diesem Ermessen kann ein Gnadenerweis aus jedem von der Wertordnung des Grundgesetzes nicht missbilligten Grunde abgelehnt werden. (BVerfGE 25, 352)

Gnade vor Recht?

Im Frühjahr 2007 diskutierte Deutschland wochenlang erbittert über die Frage, ob dem mehrfachen Mörder Christian Klar Gnade gewähren werden solle. Vor allem im linken Spektrum herrschte die Ansicht vor, die Zeit dafür sei reif – obwohl Klar nicht nur niemals seine Verbrechen bedauert, sondern sich sogar im Januar 2007 noch ganz im Sinne der RAF politisch geäußert hatte. Zu den Merkwürdigkeiten der Debatte zählte, dass die Linkspartei und ihr nahe stehende alte Stasi-Kader Position für den inhaftierten Terroristen ergriffen – und linksliberale sowie grüne Politiker sich dagegen kaum verwahrten. Konservative Kreise wiederum rieten zur Vorsicht und verlangten eine öffentliche Entschuldigung Klars für seine RAF-Vergangenheit, bevor über eine Begnadigung entschieden werde. Für eine sachliche Position plädierte der Hamburger katholische Weihbischof Hans-Jochen Jaschke: »Wir müssen zwischen öffentlicher Reue und Reue als innerer Haltung unterscheiden. Gott kann ins Herz eines Menschen sehen. Menschen können bereuen, ohne es nach außen zu zeigen.« Andererseits forderte auch er ein Bekenntnis: »Wir brauchen einen Mittelweg zwischen Gnadenlosigkeit und billiger Gnade. Dafür ist das öffentliche Zeichen der Täter von großer Bedeutung.« Schließlich beendete Bundespräsident Köhler die eskalierende Diskussion, indem er überraschend schnell nach einem persönlichen Gespräch mit Klar entschied, das Gnadengesuch abzulehnen; auf eine Begründung verzichtete er.

»Der Bundespräsident hat entschieden, von einem Gnadenerweis für Herrn Christian Klar abzusehen.«
Mitteilung des Bundespräsidialamtes

»Das Schweigekartell bricht auf«

Schwierigkeiten bei der Aufarbeitung des Terrors

Information und Desinformation

Während der Diskussion um eine mögliche Begnadigung Christian Klars kamen überraschend Spekulationen über den ersten Anschlag des Jahrs 1977 auf. Peter-Jürgen Boock, ehemals führender Terrorist, 1980 aber ausgestiegen und heute als »Karl May der RAF« belächelt, behauptete, Klar sei am Dreifachmord an Generalbundesanwalt Siegfried Buback und seinen Begleitern nicht beteiligt gewesen. Er deutete an, in Wirklichkeit sei der Schleyer-Attentäter Stefan Wisniewski auch hier der Todesschütze gewesen. Passagen in den Verhörprotokollen zweier der wenigen Terroristinnen, die je ausgesagt haben, wurden vom »Spiegel« in ähnlichem Sinne gedeutet. Dann stritt auch der andere wegen des Buback-Attentats verurteilte Terrorist, Knut Folkerts, seine Beteiligung ab. Wie viel an diesen Aussagen zutraf, blieb ungeklärt: Christian Klar äußerte sich selbst gar nicht, andere Terroristen machten – wenn überhaupt – nur juristisch nicht verwertbare Angaben. Immerhin drang durch diese Debatte ins Bewusstsein der Öffentlichkeit, dass ein großer Teil der Anschläge ungeklärt geblieben ist – vor allem, weil kein einziger führender Terrorist der Gruppe je umfassend aussagte.

Zu unrecht verurteilt?

Ohnehin waren fast alle RAF-Mitglieder nicht wegen nachweislich direkter Taten verurteilt worden, sondern wegen Mittäterschaft. Nur ausnahmsweise erlaubten es Indizien, einzelne Verbrechen bestimmten Personen eindeutig zuzuordnen. Dass die Terroristen jede Kooperation verweigerten, gehörte zu ihrer Ideologie: »Eine Zusammenarbeit mit der Justiz durch Aussagen hätte zwangsläufig bedeutet, die eigene Lage auf Kosten anderer zu verbessern«, begründete Folkerts. Nach diesem Prinzip des Schweigens übernahmen alle Terroristen gemeinsam die Verantwortung. Sie versuchten damit, den Rechtsstaat mit dessen eigenen Mitteln auszuhebeln, doch das Kalkül ging nicht auf: Alle Urteile gegen Terroristen hatten Bestand, obwohl Ankläger und Richter zwischen der oft unzureichenden Beweislage und dem standhaften Schweigen der Angeklagten einerseits sowie der rechtsstaatlich zwingenden Unschuldsvermutung andererseits juristisch in die Klemme gerieten. Trotzdem traf nicht zu, »dass es eine ganze Reihe von Unrechtsverurteilungen gegeben hat«, wie der frühere RAF-Anwalt Hans-Christian Ströbele vor laufenden Kameras behauptete. Ganz im Gegenteil hatten sich sämtliche verurteilte Terroristen schwerster Verbrechen schuldig gemacht; alle wurden zudem, gemessen an ihrem Verhalten, geradezu milde behandelt. Am Ende wirkte sich nicht einmal ihre mangelnde Bereitschaft, wenigstens an der Aufklärung mitzuwirken, zu ihren Ungunsten aus.

»Jeder Angeklagte, auch ein Mitglied der RAF, hat das Recht zu schweigen.«
Knut Folkerts

»Es gibt Anzeichen, dass das Schweigekartell aufbricht«, sagte Gerhart Baum auf dem Höhepunkt der Debatte um Klars Gnadengesuch. Das hielten viele Beobachter schon damals für unwahrscheinlich; inzwischen hat sich erwiesen, dass eher das Gegenteil eingetreten ist: RAF-Mitglieder stricken weiter an ihrem eigenen Mythos, zu dessen wesentlichen Bestandteilen die kollektive Verantwortung und die »Solidarität« der Terroristen untereinander gehört – und damit das Mafia-artige Gebot des Schweigens. Selbstverständlich könnte die damalige RAF-Chefin Brigitte Mohnhaupt beispielsweise die Morde des Jahres 1977 jederzeit aufklären; nach allem, was die wenigen aussagebereiten Aussteiger aus dem Inneren der Gruppe berichtet haben, war sie über praktisch jedes Detail informiert. Doch Mohnhaupt schweigt bisher beharrlich. Das Gleiche gilt für die Mitglieder der »dritten Generation« der RAF, bei deren Anschlägen fast keine Spuren mehr zurückblieben. Ob die zweifelsohne umfangreichen Geheimakten des Verfassungsschutzes und des Bundesnachrichtendienstes nennenswerte Informationen enthalten, ist offen; fest steht dagegen, dass in den Archiven der Birthler-Behörde keine Unterlagen der DDR-Staatssicherheit aufgetaucht sind, die bei der Aufklärung von Terroranschlägen in der Bundesrepublik helfen könnten. Angesichts all dessen ist sehr zweifelhaft, ob es jemals zu einer wirklich umfassenden Aufklärung der linksterroristischen Verbrechen in Deutschland kommen wird.

Anhang

Zeittafel

In West-Berlin erschießt ein Polizist den Demonstranten Benno Ohnesorg.	2.6.1967
Baader und Ensslin verüben Brandanschläge auf zwei Kaufhäuser in Frankfurt am Main.	2.4.1968
Andreas Baader wird in West-Berlin gewaltsam aus der Haft befreit.	14.5.1970
Gleichzeitig begehen RAF-Mitglieder drei Banküberfälle in West-Berlin.	29.9.1970
Das RAF-Mitglied Petra Schelm schießt auf Polizisten und wird in Notwehr getötet.	15.7.1971
Die RAF ermordet den ersten Polizeibeamten.	22.10.1971
Serie von sechs Bombenanschlägen; vier Tote und 74 zum Teil Schwerverletzte.	11.–22.5.1972
Fast die ganze RAF wird verhaftet.	1.6.–7.7.1972
Baader beginnt den Hungerstreik gegen seine Haftbedingungen.	17.1.1973
RAF-Sympathisanten besetzen das Amnesty-Büro in Hamburg; elf von ihnen werden später Terroristen.	30.10.1974
Holger Meins stirbt trotz Zwangsernährung beim Hungerstreik.	9.11.1974
Berlins höchster Richter, Günter von Drenkmann, wird ermordet.	10.11.1974
Der Berliner CDU-Chef Peter Lorenz wird entführt.	27.2.1975
Überfall auf die deutsche Botschaft in Stockholm (vier Tote).	24.4.1975
Ulrike Meinhof erhängt sich in Stammheim.	9.5.1976

8.2.1977	Brigitte Mohnhaupt wird aus der Haft entlassen.
7.4.1977	Generalbundesanwalt Siegfried Buback und zwei Begleiter werden ermordet.
28.4.1977	Baader, Ensslin und Raspe werden in Stammheim verurteilt.
30.7.1977	Die gescheiterte Entführung von Jürgen Ponto endet mit seiner Ermordung.
25.8.1977	Misslungener Raketenangriff auf die Bundesanwaltschaft.
5.9.1977	Entführung Hanns Martin Schleyers; seine vier Begleiter werden ermordet.
13.10.1977	Die Lufthansa-Boeing »Landshut« wird in Mallorca entführt.
18.10.1977	Die GSG-9 befreit die »Landshut«.
18.10.1977	Baader, Ensslin und Raspe begehen in Stammheim Selbstmord.
19.10.1977	Schleyers Leiche wird gefunden.
25.6.1979	Mordanschlag auf den NATO-Oberbefehlshaber Alexander Haig.
31.8.1981	Anschlag auf US-General Frederick Kroesen in Heidelberg
11.–16.11.1982	Brigitte Mohnhaupt, Adelheid Schulz und Christian Klar werden verhaftet.
15.1.1985	Die RAF erklärt die Zusammenarbeit mit der französischen »Action Directe«.
1.2.1985	Erster Mord der dritten RAF-Generation an dem Manager Ernst Zimmermann
8.8.1985	Anschlag auf die US-Air Base in Frankfurt am Main (drei Tote, 23 Verletzte)
9.7.1986	Mord an Siemens-Vorstand Karl Heinz Beckurts und seinem Fahrer
10.10.1986	Mord an dem Diplomaten Gero von Braunmühl
30.11.1988	Erste Begnadigung von zu »lebenslänglich« verurteilten RAF-Terroristen
30.11.1989	Mord an Alfred Herrhausen, Chef der Deutschen Bank
1.4.1991	Mord an Treuhand-Chef Detlev Karsten Rohwedder

Bombenanschlag auf einen Gefängnisneubau in Weiterstadt	**27.3.1993**
In Bad Kleinen erschießt Wolfgang Grams einen Polizisten und begeht Selbstmord.	**27.6.1993**
Brigitte Mohnhaupt erklärt die Trennung der RAF-Gefangenen von den »Illegalen«.	**28.10.1993**
Die restlichen »Illegalen« erklären die Auflösung der RAF.	**25.4.1998**
Öffentliche Proteste verhindern eine Kunstausstellung über die RAF.	**23.7.2003**
Christian Klar vertritt in einem »Grußwort« an eine linke Konferenz RAF-Ideologie.	**13.1.2007**
Brigitte Mohnhaupt wird aus der Haft entlassen.	**25.3.2007**
Bundespräsident Horst Köhler lehnt das Gnadengesuch von Christian Klar ab.	**7.5.2007**

Kurzbiografien

Susanne Albrecht: Geboren 1951. Über die »Anti-Folter-Komitees« gerät sie 1973/74 in die Sympathisantenszene der RAF. 1977 ermöglicht Susanne Albrecht den Mord an Jürgen Ponto, dem Patenonkel ihrer Schwester. 1980 taucht sie mit Hilfe der Stasi in der DDR unter. 1990 wird Susanne Albrecht verhaftet und bekommt zwölf Jahre; 1996 kommt sie frei.

Andreas Baader: Geboren 1943, aufgewachsen mit Mutter, Großmutter und Tante. Baader scheitert an zahlreichen Schulen wegen seines ungezügelten Temperaments. Seit 1963 in West-Berlin, seit 1967 im Umkreis der »Kommune 1«. Mehrfach vorbestraft. Am 2. April 1968 zusammen mit Gudrun Ensslin Anschlag auf zwei Kaufhäuser in Frankfurt am Main. 1969 taucht Baader erstmals unter, wird festgenommen und 1970 gewaltsam befreit. Mit Ensslin Anführer der RAF, verantwortlich für Banküberfälle, Bombenanschläge und Morde. 1972 festgenommen. Baader »kämpft« seit 1973 aus der Haft mit Hungerstreiks gegen den Staat. 1975 Beginn des Prozesses, der mit lebenslänglicher Haft endet. 18. Oktober 1977: Selbstmord in Stammheim.

Peter-Jürgen Boock: Geboren 1951. Boock lebt als Jugendlicher in Heimen. Hier lernt er 1969 Baader und Ensslin kennen. Boock begeistert sich für ihren »Kampf«, bleibt aber bis 1975 im Terrorumfeld. Ab 1976 einer der Anführer der zweiten RAF-Generation. An mehreren Anschlägen 1977 führend beteiligt. 1981 in Hamburg festgenommen und wegen mehrfachen Mordes verurteilt – trotz eines scheinbar weitgehenden Geständnisses. 1990 wird klar, dass Boock seine Rolle weit untertrieben hat; trotzdem 1998 entlassen.

Gudrun Ensslin: Geboren 1940. Seit 1964 in West-Berlin, um mit einem Hochbegabten-Stipendium zu promovieren. Ensslin gehört seit 1967 zum radikalen Flügel der Studentenbewegung. 1968 mit ihrem Freund Andreas Baader zwei Brandstiftungen in Frankfurt am Main, 1969 untergetaucht. Sie befreit Baader 1970 und bildet mit ihm die Rote Armee Fraktion. Ensslin ist die intellektuelle Anführerin der Terrorgruppe. 1972 verhaftet, seit 1975 Prozess, 1977 zu »lebenslänglich« verurteilt. 18. Oktober 1977 Selbstmord.

Knut Folkerts: Geboren 1952. Befreundet mit Christian Klar und Günter Sonnenberg, taucht im März 1976 ab. Folkerts war an den Vorbereitungen des Buback-Attentats beteiligt. Er begeht 1977 mindestens einen weiteren Mord und zwei Mordversuche. Während der Schleyer-Entführung festgenommen, wird Folkerts 1995 auf Bewährung freigelassen.

Wolfgang Grams: Geboren 1953. Seit 1974 im Umfeld der »Anti-Folter-Komitees«. 1978 längere Zeit in Untersuchungshaft. 1984 geht Grams in den Untergrund und wird einer der Köpfe der dritten RAF-Generation. 1991 an der Ermordung von Detlev Rohwedder beteiligt. 1993 in Bad Kleinen von der Polizei gestellt. Grams erschießt einen GSG 9-Beamten und sich selbst.

Siegfried Haag: Geboren 1946. Seit 1973 Anwalt, Verteidiger von Holger Meins und Andreas Baader. Haag beschafft Waffen für den Überfall auf die deutsche Botschaft in Stockholm. 1975/76 im Untergrund, Kopf der sich neu bildenden RAF. Ende 1976 verhaftet. 1977 zu 15 Jahren Haft verurteilt. In der Haft distanziert er sich vom Terror. 1987 entlassen.

Rolf Heißler: Geboren 1948. Heißler lebt 1968 bis 1970 mit Brigitte Mohnhaupt. 1971 Teilnahme an einem Banküberfall, 1972 dafür verurteilt. 1975 durch die Entführung von Peter Lorenz freigepresst, danach weiter Terrorist und an der Schleyer-Entführung beteiligt. Heißler ermordet 1978 zwei niederländische Beamten. 1979 gefasst und zu lebenslang verurteilt. 2001 entlassen.

Sieglinde Hofmann: Geboren 1945. Hofmann gehört 1970 zum »Sozialistischen Patienten Kollektiv« in Heidelberg. Seit 1976 im Untergrund, verfeuert sie beim Überfall auf Schleyer mindestens 39 Schüsse. 1980 verhaftet und zu lebenslänglich verurteilt, 1999 freigelassen.

Birgit Hogefeld: Geboren 1956. Hogefeld taucht im Sommer 1984 mit ihrem Lebensgefährten Wolfgang Grams ab und wird 1993 in Bad Kleinen festgenommen. An welchen Attentaten genau sie beteiligt war, ist unbekannt. Sie bekommt wegen mehrfachen Mordes lebenslänglich und sitzt noch bis mindestens 2011 im Gefängnis.

Christian Klar: Geboren 1952. Seit 1974 über die »Anti-Folter-Komitees« Teil der Sympathisantenszene. 1976 geht Klar in den Untergrund. 1977 an den Anschlägen auf Buback und Ponto beteiligt, mehrere weitere Mordversuche. 1982 festgenommen, 1985 zu fünfmal lebenslänglich verurteilt. Einziger Terrorist der zweiten

RAF-Generation, der im Herbst 2007 noch in Haft sitzt. Klar hat sich bis heute nicht vom Terrorismus distanziert.

Horst Mahler: Geboren 1936. Erfolgreicher Wirtschaftsanwalt, gründet er 1968 ein »Sozialistisches Anwaltskollektiv«. Verteidiger von Andreas Baader. 1970 an der Baader-Befreiung indirekt beteiligt, danach Mitglied der RAF. Oktober 1970 in West-Berlin festgenommen; 1974 Trennung von der RAF. 1980 vorzeitig aus der Haft entlassen. Mahler wird zum Rechtsextremisten; 2003 tritt er aus der NPD aus, weil sie ihm nicht radikal genug ist.

Ulrike Meinhof: Geboren 1934. Seit 1958 linke Politaktivistin; Mitarbeiter der Zeitschrift »Konkret«; dort 1962 bis 1964 Chefredakteurin und bis 1969 Kolumnistin. Danach in West-Berlin. 1970 ermöglicht sie Baaders gewaltsame Befreiung; danach meistgesuchte Frau Deutschlands. Meinhof spielt in der RAF eine geringere Rolle als ihre Prominenz vermuten lässt. 1972 verhaftet, stilisiert sie ihre Haft zur »Isolationsfolter«. 1976 Selbstmord in Stammheim.

Holger Meins: Geboren 1941. Filmstudent, Ende 1968 relegiert. 1969 Mitbewohner der »Kommune 1«. Meins sorgt für den Abdruck des RAF-Gründungsaufrufs im Untergrundmagazin »Agit 883«. Seit Juni 1970 Mitglied der RAF und an Anschlägen beteiligt. 1972 festgenommen. Er hungert sich 1974 im Gefängnis zu Tode.

Brigitte Mohnhaupt: Geboren 1949. Sie stößt im Juni 1970 in West-Berlin zur RAF. Seit 1971 im Untergrund, 1972 verhaftet und zu einer mehrjährigen Haftstrafe verurteilt. 1976/77 in Stammheim, hier von Baader zu Befehlshaberin der »Offensive 77« ernannt. An allen Anschlägen 1977 führend beteiligt, ermordet sie Jürgen Ponto eigenhändig. 1982 verhaftet und zu fünfmal lebenslänglich verurteilt. Mohnhaupt wird Ende März 2007 auf Bewährung entlassen.

Jan-Carl Raspe: Geboren 1944. Studium der Chemie, später der Soziologie in West-Berlin; seit 1970 Mitglied der RAF. Er gilt als

»Techniker« der Gruppe und baut die Bomben für die Anschläge 1972. Mit Baader festgenommen und in Stammheim zu lebenslänglich verurteilt. 1977 Selbstmord.

Günter Sonnenberg: Geboren 1954. Befreundet mit Christian Klar und Knut Folkerts. Sonnenberg geht 1976 in den Untergrund und ist am Buback-Mord beteiligt. Wenig später liefert er sich eine Schießerei mit der Polizei, bei der er schwer verletzt wird. Wegen zweier Mordversuche zu lebenslänglich verurteilt, kommt er 1992 auf Bewährung frei.

Willy Peter Stoll: Geboren 1950. Anerkannter Kriegsdienstverweigerer – aus Abscheu vor Waffen. Stoll kommt über den Protest gegen die »Isolationsfolter« zum Terror und geht 1977 in den Untergrund. Stoll ist an der Schleyer-Entführung beteiligt. Er zieht 1978 eine Waffe, als Polizisten in Düsseldorf ihn kontrollieren wollen, und wird erschossen.

Stefan Wisniewski: Geboren1953. Wisniewski kommt über die »Anti-Folter-Komitees« zur RAF. Seit 1975 im Untergrund, Hauptaktivist der Gruppe. Befehlshaber beim Überfall auf Schleyer, möglicherweise auch Mittäter beim Anschlag auf Buback. 1981 festgenommen und zu lebenslänglich verurteilt. 1999 aus der Haft entlassen.

Abbildungsnachweis

Porträt Andreas Baader © dpa-Bildarchiv
Porträt Gudrun Ensslin © dpa-Bildarchiv
Porträt Hanns Martin Schleyer mit freundlicher Genehmigung der Bundesvereinigung der Deutschen Arbeitgeberverbände; Stiftung Haus der Geschichte der Bundesrepublik Deutschland / Fahndungsplakat 1980: Stiftung Haus der Geschichte der Bundesrepublik Deutschland

Literatur

Aust, Stefan: Der Baader-Meinhof-Komplex. Neuausgabe Hamburg 1998

Biesenbach, Klaus (Hg.): Zur Vorstellung des Terrors. Die RAF. 2 Bde. Göttingen / Berlin 2005

Breloer, Heinrich: Todesspiel. Die dramatischen Wochen des Deutschen Herbstes 1977. Berlin 2003 (DVD)

Bundesministerium des Inneren (Hg.): Dokumentation über Aktivitäten anarchistischer Gewalttäter in der Bundesrepublik Deutschland. Bonn o. J. [1974]

Hachmeister, Lutz: Schleyer. Eine deutsche Geschichte. München 2004

Keil, Lars-Broder / Kellerhoff, Sven Felix: Gerüchte machen Geschichte. Folgenreiche Falschmeldungen im 20. Jahrhundert. Berlin 2006

Koenen, Gerd: Vesper, Ensslin, Baader. Urszenen des deutschen Terrorismus. Neuausgabe Frankfurt/ Main 2005

Kraushaar, Wolfgang (Hg.): Die RAF und der linke Terrorismus. 2 Bde. Hamburg 2006

Oesterle, Kurt: Stammheim. Der Vollzugsbeamte Horst Bubeck und die RAF-Häftlinge. Neuausgabe München 2005

Peters, Butz: Tödlicher Irrtum. Die Geschichte der RAF. Neuausgabe Frankfurt / Main 2007

Pflieger, Klaus: Die Rote Armee Fraktion. 14. Mai 1970 bis 20. April 1998. Baden-Baden 2007

Röhl, Bettina: So macht Kommunismus Spaß! Ulrike Meinhof, Klaus Rainer Röhl und die Akte Konkret. Hamburg 2006

Siemens, Anne: Für die RAF war er das System, für mich der Vater. Die andere Geschichte des deutschen Terrorismus München-Zürich 2007

Stern, Klaus / Herrmann, Jörg: Andreas Baader. Das Leben eines Staatsfeindes. München 2007

Unger, Johannes / Adamek, Sascha: Ulrike Meinhof. Wege in den Terror. Potsdam 2006 (DVD)